TORT LAW

Theory and Practice of Article 24

《侵权责任法》

第二十四条的理论与实践

汤 敏——著

TORT LAW

中国政法大学出版社

2018 · 北京

图书在版编目（CIP）数据

《侵权责任法》第二十四条的理论与实践/汤敏著. —北京：中国政法大学出版社，2018.4

ISBN 978-7-5620-8180-7

Ⅰ.①侵… Ⅱ.①汤… Ⅲ.①侵权行为—民法—研究—中国 Ⅳ.①D923.04

中国版本图书馆CIP数据核字(2018)第054021号

出 版 者　中国政法大学出版社

地　　址　北京市海淀区西土城路25号

邮寄地址　北京100088信箱8034分箱　邮编100088

网　　址　http://www.cuplpress.com（网络实名：中国政法大学出版社）

电　　话　010-58908524(编辑部)　58908334(邮购部)

承　　印　北京华联印刷有限公司

开　　本　880mm×1230mm　1/32

印　　张　6.5

字　　数　150千字

版　　次　2018年4月第1版

印　　次　2018年4月第1次印刷

定　　价　36.00元

目　录

导论 《侵权责任法》的理念

一、风险自担与损害转移——《侵权责任法》的现实需求

我们的社会有很多受伤和残障人士，有些人生来就有残障，有些人由于事故饱受疾病之苦，还有些人意外死亡或因为自然原因而夭折。[1] 可以说，不幸无时无刻不在上演，痛苦随时随地都会降临，那么，这种不幸与痛苦应当由受害人自行承担还是可以通过他人分担?

法谚有云："损害原则上由受害人自担。"从心理学角度解读："受害人遭受损害属于运气不佳或存在性格缺陷，此属于意外事故而无需给予受害人补偿。"[2] 社会生活，风险万千，每个人都无法避免遭遇各种不幸之损害，损害既已发生，往往难以完全恢复，这给受害人带来物质上的损害或精神上的痛苦，

〔1〕［英］P. S. 阿蒂亚：《"中彩"的损害赔偿》，李利敏、李昊译，北京大学出版社 2012 年版，第 1 页。

〔2〕［英］文森特·R. 约翰逊：《美国侵权法》，赵秀文等译，中国人民大学出版社 2004 年版，第 5 页。

但这种损失或痛苦不可轻易转嫁他人，原因有二：形式上，立法技术上将损害交由能够更好地预防损害之人承担是较为妥善的立法安排；实质上，损害对应获益，让权利和义务能够实现对等之人承担损害显然符合实质正义。但社会发展需要法律的治理，遭受意外事故的受害人应得到补偿的观念为现代社会所普遍接受，受害人将得到医疗救助，误工损失将得到补偿，名誉受损将得到恢复，法律从现实中来，又走向现实。基于此，在有正当事由的情形下，法律允许受害人将损害转移至第三人承担，此正当事由映照以上两个缘由：一是第三人较之受害人更容易预防损害；二是第三人于损害中获有利益，而增添了受害人的负担。质言之，在第三人较之于受害人更加“接近”损害时，侵权责任法事实上赋予受害人针对第三人享有损害赔偿请求权，此时引发损害转移的后果；损害赔偿的正当性在于私法上的双向主体正当性基本原则，即加害人、受害人二维度权利义务的正当性，受害人需享有受法律保护的利益，加害人需针对受害人负担损害赔偿义务。〔1〕这种调整受害人将损害转移至第三人承担的法律即侵权责任法。侵权责任法是调整损害承担以及以此为目的赋予受害人恢复原状请求权救济的法律，其强调的是侵权法调整内容上限于损害承担，调整目的上限于救济受害人，其内容和目的是统一协调的。此处的恢复原状请求权不同于侵权责任承担之恢复原状，此处是广义的恢复至当事

〔1〕［奥地利］海尔姆特·库齐奥：《侵权责任法的基本问题》（第1卷），朱岩译，北京大学出版社2017年版，第2、132页。

人损害未发生之时的原状。当然，侵权责任法的内容还包括侵权责任成立之构成要件，此为损害承担的前提条件。此外，从侵权责任法与合同法的比较角度而言，前者的特征还包括在致害事实发生之前，当事人之间并不存在特定法律关系，致害事实发生之后，当事人之间损害转移的可归责性问题，这是侵权责任法的核心问题。某种程度上，侵权责任法是风险自担原则的例外，而这种例外必须具有正义的特殊性，否则不符合正当性之要求；侵权责任的承担也是如此，此即侵权责任构成要件之要求。从风险自担和损害转移的关系角度而言，侵权责任法又可被称为“规定例外之法律”。[1]

二、侵权责任成立之构成要件

侵权责任成立之构成要件主要包括损害、因果关系和归责原则，其中归责原则要件是区分过错责任和无过错责任的试金石。

（一）损害

损害侵权责任构成的前提要件是损害，法律上的损害并非一个开放的概念，只有侵害了受法律保护的法益才构成损害，如我国《侵权责任法》第 2 条规定的权益类型。原则上，受害人权利受到侵害且遭受损害时才产生损害赔偿。损害之重要性

〔1〕［瑞］海因茨·雷伊：《瑞士侵权责任法》，贺栩栩译，中国政法大学出版社 2015 年版，第 8 页。

在于损害的范围决定损害赔偿的范围：损害赔偿请求权建立在权利受侵害基础之上，如果有损害而未侵害权利或权利受到侵害却未造成损害，则受害人无损害赔偿请求权。侵权责任构成之时即损害填补转移之时。损害填补，也称损害赔偿，此处又存在原则和例外之分。损害赔偿法以填平损害为原则，或称完全赔偿原则。加害人必须赔偿受害人以可归责的方式所造成的全部损害，损害赔偿的数额应当完全以受害人所遭受的损害，而非以加害人的过错程度为导向。〔1〕侵权责任法上损害范围的认定一般以差额说为原则：对于财产性损害以法益所有人在财产之外的利益状态所生之不利益为准，对于非财产性损害以法益所有人的精神利益状态所生之不利益为准。侵权责任法仅要求加害人完全赔偿受害人即可，并不过分苛责加害人，以防止损害赔偿之过度限制行为自由之限度，于此，侵权责任法防止受害人获得超过损害范围的赔偿。填平原则的例外有二：一是超额填补受害人损失，此为惩罚性赔偿，我国《侵权责任法》第47条明确规定了产品责任中的惩罚性赔偿；二是限额填补受害人损失，此为限额赔偿，该法第77条明定了高度危险责任中的限额赔偿。惩罚性赔偿的制度理念在于惩处行为人主观恶性，而限额赔偿的思想在于适度保护某一行业的稳定延续，两者并没有超越侵权责任法救济受害人的目的，只是作出了适当的修正。

---

〔1〕［德］迪尔克·罗歇尔德斯：《德国债法总论》，沈小军、张金海译，中国人民大学出版社2014年版，第316页。

（二）因果关系

损害确定之后，一般而言，侵权责任的要件有二：一为因果关系，一为归责原则。因果关系上，损害由他人行为引起，加害人行为侵害了受害人权利，造成受害人法益受损，即他人行为与受害人损害之间具有相当因果关系。换句话说，损害必须是符合自然法则地由权利侵害引起的，而权利侵害又是由加害行为引起的。[1] 经典的因果关系判断标准采条件说，如果没有行为人侵害行为，受害人就不会遭受权益损害，即前者为后者的原因、条件。因果关系的判断并不是漫无边际，而是要有相当性，这种相当性体现为因果关系判断的正当性，这种正当性又体现为抽象意义上的可预见性和可避免性。如果行为人于行为之时不可被期待其可以预见行为将致受害人损害，则这种损害无法归责于行为人。可预见性和可避免性以及可克服性在时间顺序上具有多阶一体性，可预见方能克服、避免。因果关系之下区分责任成立之因果关系和责任范围之因果关系，两者联结行为、法益和损害三个向度的终端。第一层因果关系强调的是行为与法益侵害之间存在因果关系，第二层因果关系强调的是法益侵害与损害之间存在因果关系。区分双层因果关系的积极意义在于，它使得因果关系的相当性要求更加严格，使得

〔1〕［德］埃尔温·多伊奇、汉斯－于尔根·阿伦斯：《德国侵权法——侵权行为、损害赔偿及痛苦抚慰金》，叶名怡、温大军译，中国人民大学出版社2016年版，第207页。

非法益侵害不能通过侵权责任予以救济。这种因果关系理论是建立在典型的过错侵权责任之中，而对无过错侵权责任，如高度危险责任，即使行为人无过错也需要承担责任，或者对数人共同危险行为，加害原因具有引发损害的高度盖然性即可，此时的原因采潜在原因理论，它是一种因果关系可能性理论。潜在原因之所以可以引发责任，是因为行为的危险性，此种危险性使得法律假定行为与损害后果之间具有因果正当性。例如，共同危险行为中，具体侵权人往往是部分行为人，而其他行为人之行为与受害人损害之间则无相当因果关系，但法律规定在无法查明具体侵权人时，课以所有行为人连带责任，是因为法律假定所有行为人均有侵权的高度盖然性，每个行为都具有危险性，都与损害之间具有很强的相当性。

（三）归责原则

侵权责任法以损害转移为使命，包括损害转移与损害不转移。损害不转移是风险自担理论的体现，损害转移是风险自担的例外，例外规定的合理性即在于损害转移的内在合理性，亦即归责原则。归责原则上，侵权责任法形成了二元归责原则体系：一为过错责任，这是补偿正义之体现；二为无过错责任，主要是危险责任，此为分配正义之体现。过错责任和无过错责任发源于罗马侵权法：罗马法发展到优士丁尼时期，过错被定型为故意和过失，两者都是构成侵权责任的主观要件；无过错责任体现在某些准私犯行为之中，其产生时间甚至比过错责任还要早，最早适用无过错原则的准私犯可能是动物损害之诉。[1]

1. 过错责任原则

过错是行为人主观状态的表达，但其判断标准却并非完全采纳主观标准。随着注意义务理论的拓展，过错的判断标准逐渐向客观化标准倾斜，此时称为对注意义务的违反。注意义务源于客观的法律规范，此种标准更加客观，而不再单独考虑行为人与众不同的意思能力。法律设定注意义务时采社会一般理性人标准，即特定情形下社会一般人的注意义务应达致何种程度。日本法上关于过失判断标准的客观化形成了两种观点：一种是预见可能性，另一种是结果回避义务。前者是指尽管具有对结果发生的预见可能性，但因懈怠作为预见前提的调查研究义务而实施了该行为；后者是指违反了为回避结果的发生而应尽的善良管理义务。无论是预见可能性还是结果回避义务，两者实质上殊途同归，正如田山辉明教授所言，两种观点在"结论上并无多大的差异"[2]，两者最终都回归到行为人应尽最大的注意义务以防止损害的发生。当然，客观标准也并非实质正义，而是更多地体现为平均主义之下的形式正义。我们不能期待每个人都能够以社会一般理性人的标准参与社会生活，人人生而平等，低于一般标准之人也有权利自由地生活于世，客观标准因此遭受了平等价值的讨伐。综合而言，对于行为人过错

〔1〕 李钧：《古罗马侵权法律制度与现代沿革》，中国政法大学出版社 2015 年版，第 12－13 页。

〔2〕［日］田山辉明：《日本侵权行为法》，顾祝轩、丁相顺译，北京大学出版社 2011 年版，第 37 页。

的判断有必要结合主观标准和客观标准，于个案中综合判断行为人主观是否具有过错。美国法上的侵权行为类型有三种，一种是故意侵权行为，一种是未尽注意义务的侵权行为，还有一种是适用严格责任的侵权行为。[1] 前两种是过错责任，后一种是严格责任。故意侵权中又区分为直接故意和间接故意，前者强调行为人对特定后果的追求欲望，后者仅指在行为人明知特定后果时的放任心态，两种故意仅具有理论划分上的意义，实践中任何一种故意都足以产生侵权责任。未尽注意义务侵权即过失侵权，又区分为一般过失（negligence）和严重不负责任（recklessness），前者强调的是特定情境下行为人未能履行合理的注意义务，后者强调的是过失程度的严重性，两者类似于一般过失和重大过失的关系。美国法上的严格责任是指适用条件比过错责任严格，这主要体现在损害后果的可预见性或者侵权行为的应受谴责性，如果一项责任不要求这两项要件之一，即为严格责任。

我国《侵权责任法》第 6 条第 1 款规定了一般过错责任，第 6 条第 2 款规定了过错推定责任，第 36 条、第 37 条、第 7 章等分别规定了具体的过错责任类型。过错是行为的过错，行为不符合法律规范而有瑕疵，此瑕疵行为成为法律禁止之行为，即行为的可责难性，无过错即无责任。过错责任强调的是受害人因行为人的过错而遭受损害时，可以针对损害提起损害赔偿

〔1〕［英］文森特·R. 约翰逊：《美国侵权法》，赵秀文等译，中国人民大学出版社 2004 年版，第 4－9 页。

诉讼。正常社会生活，人们期待他人对自己不为瑕疵行为，法律预设每个人都是理性人，都能合理地控制自我意志及行为，当这种意志控制下的行为与法律的预期不符时，行为人主观的可责难性使得损害赔偿具有了正当的规范基础。当然，并非所有人都能控制自己的意志及行为，这就涉及意思能力问题，只有行为人明知其行为的含义及行为可能产生的法律后果时，才会受法律的强制否定性评价，反之，对于不完全意思能力者，则不能按照行为过错对待。侵权责任法上的过错区分为故意和过失。故意包括直接故意和间接故意，是指虽然认识到行为的结果，却容忍其发生，甚至实施该行为的心理状态；过失包括重大过失和一般过失，指应该知道结果发生，由于不注意不得而知或不知而实施某种行为的心理状态。[1] 综观整部《侵权责任法》，故意和过失不仅体现在行为人行为之中，也体现在受害人主观意志之内。从侵权责任法填补损害功能角度而言，在侵权责任成立阶段区分故意和过失并无实质意义，无论是故意还是过失，只要行为与损害之间具有因果关系，行为人都应承担侵权责任；但在侵权责任承担阶段，故意和过失对免责事由有一定的影响，例如有的无过错责任类型的免责事由是受害人故意，而有的免责事由包括受害人重大过失，例如《侵权责任法》第78条。

〔1〕［日］田山辉明：《日本侵权行为法》，顾祝轩、丁相顺译，北京大学出版社2011年版，第35页。

2. 无过错责任

与过错责任相对的是无过错责任。随着社会的发展、工业化进程的推进，环境污染、产品质量、高度危险物等侵权类型的出现，产生了严重的社会普遍范围的损害，即大规模损害，相同损害请求权的权利主体出现多元化，这给侵权法带来了挑战。若严格遵从过错责任之要求，则可能出现同一事故之下相同性质的损害因当事人对于行为人主观过错证明的有无而呈现不同的判决结果，这显然与社会大众的普遍心理不符，甚至可能因为过错证明的困难而使所有受害人均无法获得救济。现代高风险社会提出了危险责任理论，即只要是从事法律预先认定的危险行为，不论行为人主观是否存在过错，都构成侵权责任，即侵权责任成立之判断不考虑行为人过错要件，此即对过错责任原则修正的无过错责任原则，其主要类型正是危险责任。从该角度也可以看出，《侵权责任法》采二元归责原则体系，即过错责任和无过错责任。其一，无过错责任的出现是修正过错责任，其发展为一种独立的平行于过错归责的归责原则，主要的归责事由是行为的危险性，所以坚持过错责任一元论是固步自封的；其二，过错推定责任是一种过错认定上的技术性规定，其归责事由仍然是过错，行为人无过错不需要承担侵权责任，其并未脱离过错责任而另起炉灶，所以过错推定不具有归责原则的独立性；其三，公平责任原则是补偿规则之下的责任原则，而非赔偿规则之下的归责原则，所以不能成为侵权责任规则体系之一员。

《侵权责任法》第 7 条规定了无过错责任一般规则，第 5 章、第 8 章、第 9 章、第 10 章分别规定了特殊的无过错责任类型。无过错责任强调的是不论行为人主观是否具有过错，均应承担侵权责任。无过错责任最为典型的两种形式是替代责任和危险责任。替代责任有监护人责任、用人者责任等类型，其体现的是行为人替代承担他人行为所致损害的责任。危险责任主要有危险物责任和危险行为责任。危险责任的正当性在于行为人开启了危险源，或者行为人对危险源具有一定的控制力，或者行为人从危险源中获有利益，此即危险开启理论、危险控制理论和危险获益理论。法国法学界关于危险责任的理论基础则存在不同的学说之争，主要有危险活动理论、危险利益理论、危险物理论以及危险权力理论。〔1〕这是按照危险源类型不同而做的分类，这与上述按照动态危险进行划分并无本质区别，并且这四种理论并非排斥关系，某种程度上是对立统一的，共同展现了整个危险责任的具体样态。危险责任依据危险源的严重程度不同，又区分为不同程度的责任，责任越严格，则越难以找到免责事由，风险越高，则抗辩事由就更少。〔2〕即危险责任的危险程度的法律后果不同，体现为不同危险责任的免责事由的严格性不同。以《侵权责任法》规定的高度危险责任一章第 70－73 条为例，第 70 条规定的免责事由是战争和受害人故意，

〔1〕张民安：《现代法国侵权责任制度研究》，法律出版社 2007 年版，第 120 页。

〔2〕［奥地利］海尔姆特·库齐奥：《侵权责任法的基本问题》（第 1 卷），朱岩译，北京大学出版社 2017 年版，第 235 页。

虽可解释本条“等”的含义，但本条却并未明确规定不可抗力免责；第71条规定的免责事由是受害人故意；第72条规定的免责事由包括受害人故意和不可抗力，此条明确规定不可抗力为免责事由之一；同样地，第73条规定的免责事由包括受害人故意和不可抗力。可见，根据危险程度越高，免责事由越严格的理论，第70、71条免责事由明显比第72、73条的免责事由更为严格，前两条中不可抗力不能作为免责事由，而后两条可以。[1]

三、《侵权责任法》的功能

侵权责任承担最为典型的形式即损害赔偿，损害赔偿的目的和其功能某种程度上是一致的。毫无疑问，损害赔偿的主要目的体现在保护法律赋予受害人的各种法益。[2] 而这种保护受害人法益的目的又产生了三个向度的功能，一种是损害未发生时，通过损害赔偿之法定后果以警惕行为人不可违法行为；一种是损害发生时，通过填补受害人损害以救济受害人；还有一种也是于损害发生之时，通过惩罚性赔偿以惩罚特别不法行为人。这三种功能分别对应预防功能、填补功能和惩罚功能。这三者于损害发生之前后，体现了法律的事前预防思维和事后救济功效，三者并非孤立而生，而是相互融合，化为一体。例如，惩罚功能首先满足了填补受害人损失的功能，又通过加倍赔偿

---

〔1〕 最高人民法院侵权责任法研究小组编著：《〈中华人民共和国侵权责任法〉条文理解与适用》，人民法院出版社2016年版，第494页。

〔2〕［奥地利］海尔姆特·库齐奥：《侵权责任法的基本问题》（第1卷），朱岩译，北京大学出版社2017年版，第18页。

以达至惩罚行为恶性之效果，最后，这种最为严格的私法责任也会对其他行为人产生预警作用，预防类似损害再次发生。

侵权责任法的三项功能统一为保护受害人法益这一终极目的，但三者的地位是不同的：①侵权责任法最为首要的功能也是最基本的功能是填补损害功能，它不仅适用于过错责任领域，也适用于无过错责任领域，其适用于所有侵权责任领域；它不仅适用于物质损害情形，也适用于非物质损害情形，其适用于所有损害类型。损害填补功能的实质内核在于，通过给加害人课以损害赔偿义务并使其履行赔偿义务而填补损害，让受害人回复到没有损害的状态，从而让受害人得到救济。〔1〕②预防功能仅仅是根据填补功能所推导出的第二顺位的价值，其自身内容可能完全是空洞无物的，其存在之价值仅仅在于损害填补功能产生一种避免加害他人的激励机制，该机制使得预防功能为一些学者所乐道。③惩罚功能主要体现在惩罚性赔偿规则之中，有学者从社会心理学的角度认为，在公害、食品药品损害案件中，侵权责任法的制裁功能是有其实际意义的，对加害人课以损害赔偿之义务，在事实上满足了受害人或者社会的制裁抑或报复情感，也可以看作一种制裁的功能。〔2〕当然，这种制裁性质的惩罚功能是否是侵权责任法的功能是存有疑问的。首先，侵权责任法上惩罚性赔偿的适用范围是有限的，而不像填补功

〔1〕［日］吉村良一：《日本侵权行为法》，张挺译，中国人民大学出版社2013年版，第11页。

〔2〕［日］吉村良一：《日本侵权行为法》，张挺译，中国人民大学出版社2013年版，第13页。

能那么普遍，其适用的损害类型也是局限的；其次，惩罚功能也可采用填补损害功能解释，现实是，法律惩罚的是行为人主观上重大的过错，如欺诈，这也可以理解为在欺诈这种过错归责之下，其损害的严重程度重于一般过错。申言之，归责事由越严重，则其将引发越严重的损害赔偿义务。[1] 日本有学说认为，在不考虑惩罚性赔偿之下的制裁功能还有一种体现是精神抚慰金。[2] 笔者不赞成此种观点。随着时代的发展，精神利益逐渐为人们所认识承认，源于人身损害的精神痛苦和纯粹的精神痛苦均得到实践的认可。前者为继发性精神损害，它是建立在非独立的精神损害之上，依附于人身损害或者特殊财产损害；后者为原生性精神损害，也就是纯粹精神利益损害，它具有独立性，并不伴随其他损害而发生，缅因州最高院在 Gerald C. Gammon v. Osteopathic Hospital of Maine 案中承认了独立精神损害的存在，法院认为对尸体处理不当极有可能导致精神损害。[3] 精神抚慰金也仅是对不同程度精神损害的赔偿，其体现的仍是填补精神损害的功能。瑞士债务法上，损害填补是侵权责任法的首要功能，其基本内核正如损害赔偿的一般意义而言，在符合侵权责任构成要件的情形下，通过将损害承担从受害人

---

〔1〕［奥地利］海尔姆特·库齐奥：《侵权责任法的基本问题》（第1卷），朱岩译，北京大学出版社2017年版，第83页。

〔2〕［日］圆谷峻：《判例形成的日本新侵权行为法》，赵莉译，法律出版社2008年版，第13页。

〔3〕 Gerald C. Gammon v. Osteopathic Hospital of Maine, Inc., et al., 534A. 2d1282. 转引自王军等编著：《美国侵权法案例选评》，对外经济贸易大学出版社2016年版，第270页。

处转移至行为人处，从而实现侵权责任法弥补受害人损失以合理救济受害人的目的。而通过这种侵权责任的转移又能实现预防损害的目的，此种损害和风险的预防功能系侵权责任法的从属功能。针对过错责任，侵权法通过法律效果规范以指引人们行为，从而达到预防损害发生的效果。针对无过错责任，特别是危险责任，侵权法促使危险物抱有人或者危险行为人采取保护措施以防止生产成本增加。对于惩罚功能，瑞士法学界已经摒弃之。[1] 彼得·凯恩教授认为，侵权法直接的外在功能强调在特定案件中对受害人的救济，即救济功能或称损害赔偿功能。[2] 综合三项功能的关系可见：三项功能可内形为填补损害功能之一种，也可外化为填补功能、预防功能和惩罚功能。

四、《侵权责任法》的两条主线——赔偿责任和补偿责任

一般而言，侵权法也称救济法，民事救济就是对不符合民法要求的具体民事法律关系，按照抽象的民法权模式予以调整，使其恢复到圆满之状态，以平衡民事主体间的利益以及民事主体和社会的利益。[3] 宏观而言，现行《侵权责任法》依两条主线递进建构受害人救济制度，一条名曰侵权责任，一条唤作补偿责任。相应的，该法将受害人的救济类型划分为赔偿救济和

---

〔1〕［瑞］海因茨·雷伊：《瑞士侵权责任法》，贺栩栩译，中国政法大学出版社2015年版，第6页。

〔2〕［澳］彼得·凯恩：《侵权法解剖》，汪志刚译，北京大学出版社2010年版，第231页。

〔3〕赵万一：《民法的伦理分析》，法律出版社2012年版，第359页。

补偿救济。侵权责任以侵权损害赔偿责任为原则，赔偿责任对应补偿责任，构成侵权责任的，适用赔偿救济手段；未构成侵权责任的，确有救济的必要时，适用补偿救济手段，但前提是满足《侵权责任法》第24条损失分担规则的适用要件。侵权责任法上侵权赔偿责任包括过错侵权责任（含过错推定责任）和无过错侵权责任。前者归责事由为过错，如该法第6条之规定；后者的归责事由包括危险源和控制力双重事由，替代责任的归责事由大多是控制力，高度危险责任、环境污染责任、饲养动物损害责任、产品责任的归责事由是危险源。该条主线是侵权责任主线，也是整部侵权责任法的核心。例外情形下，非侵权责任之公平分担损失规则以补偿责任为名，其分担事由为公平，具体为根据个案特殊情况确有补偿之现实需求。有学者试图为该责任寻找正当的理据，如贫富理论或危险理论，但都不具有强烈的解释力，该制度的理据只能回归更为上位的公平价值。"公平"是体现在损害赔偿额的确定上，而不是体现在责任成立上。[1] 这也反映了第24条在微观制度上的规范意旨。损害原则上停留于受害人处，例外地让行为人分担，分担的形式即为上述二者，侵权赔偿责任将使行为人完全分担受害人损失，赔偿责任以填平损失为原则，尽管也会存在减责或者免责事由，但属例外之例外。而第24条公平分担损失之补偿责任仅部分分担受害人损失，且要件严苛，补偿责任以分担损失为原则。当行为人行为构成侵权赔偿责任时，我们无理由适用补偿责任，即

〔1〕张保红：《公平责任新论》，载《现代法学》2009年第4期，第52页。

赔偿责任优先于补偿责任适用，换言之，过错责任、无过错责任优先于公平分担损失规则适用；据此，整部《侵权责任法》的体系就是沿着赔偿和补偿两条主线建立起来。正如学者所言，公平责任中所谓的“责任”具有较强的补偿性质，其更多地体现了一种分配正义而非矫正正义，其目的主要在于平衡当事人双方的利益，对受害人提供适当的补救。[1] 当然，也有学者反对第24条作为一种分配正义出现在私法之中，因为，分配公正是公法上的问题而不是私法上的问题。[2] 笔者认为，特殊时代形成的第24条有其中国特色和中国本土适应性，立法将此条置于私法之中未尝不可。

<table>
<tr><td rowspan="5">侵权责任法受害人二元救济体系</td><td>救济手段</td><td>救济原则</td><td>救济范围</td><td>责任形式</td><td>法律依据</td><td>归责事由</td></tr>
<tr><td rowspan="3">侵权赔偿责任</td><td rowspan="3">填平原则</td><td rowspan="3">完全赔偿</td><td>过错责任</td><td>第6条</td><td>过错</td></tr>
<tr><td rowspan="2">无过错责任</td><td rowspan="2">第7条</td><td>控制力</td></tr>
<tr><td>危险源</td></tr>
<tr><td>非侵权补偿责任</td><td>分担原则</td><td>适当补偿</td><td>公平分担损失</td><td>第24条</td><td>公平</td></tr>
</table>

特定社会背景下的侵权法，是为了适应该历史时期社会发展需要而构建的，它在利益衡量过程中更要考虑会为社会带来

〔1〕 王利明：《侵权责任法研究》（上册），中国人民大学出版社2016年版，第283页。

〔2〕 杨代雄：《一般侵权行为的无过错损失分担责任》，载《华东政法大学学报》2010年第3期，第106页。

什么样的后果和影响。[1] 第24条是在我们现在这样的社会历史背景之下制定的，其一定程度上反映了社会对该条的正当需求，当行为人和受害人均无过错时，本应免除行为人责任，但考虑到实际情况，于受害人有实质不公时，为了适当救济受害人，课以行为人适当补偿责任，一方面是为了实现对受害人利益的维护，另一方面是为了保持社会的稳定与和谐，这种社会效果和影响正是该制度存在的内生价值。罗尔斯认为，作为公平的正义所需要的稳定性需要一个前提，即它首先应该属于一种自由主义的政治观点，而当诉诸公民的公共理性的时候，这种观点的目标对于理性的和合理的、自由的和平等的公民是可接受的。[2] 不幸者理应得到怜悯，强者应该救助弱者，[3] 公平责任是符合社会利益和广大人民群众的意志和愿望的，[4] 普通民众已经接受这种稳定性需求之下的公平观念，老百姓愿意出于道义拿出钱来对受害人提供帮助。[5] 所以，第24条追求公平与和谐立法目的和救济受害人的规范意旨是值得肯定和延续的。

---

〔1〕 李璐：《论利益衡量理论在民事立法中的运用》，中国政法大学出版社2015年版，第163页。

〔2〕 [美] 约翰·罗尔斯：《作为公平的正义》，中国社会科学出版社2011年版，第223页。

〔3〕 李显冬：《侵权责任法》，北京大学出版社2014年版，第86页。

〔4〕 杨立新：《〈中华人民共和国侵权责任法〉精解》，知识产权出版社2010年版，第96页。

〔5〕 全国人大常委会法制工作委员会民法室编：《中华人民共和国侵权责任法条文说明、立法理由及相关规定》，北京大学出版社2010年版，第93页。

结论——风险自担的因果循环

损害原则上由受害人自担，《侵权责任法》是风险自担原则的例外，而这种例外必须具有正义的特殊性，只有符合侵权责任严格的构成要件方能启动侵权责任法的救济，否则不符合正当性之要求。侵权责任成立之构成要件包括损害、因果关系、归责原则，每项要件均有其特色。《侵权责任法》的一项项具体制度都是围绕救济受害人这一目的而设计，外化为三项功能：预防功能、填补功能和惩罚功能。《侵权责任法》的两条主线是侵权赔偿责任和非侵权补偿责任。法治理想是完美的，但也要承认，《侵权责任法》不是万能的，损害就是损害，法律也可能无奈。有些情形因不符合侵权责任之构成要件而不能使受害人获得救济，有些情形因第三人侵害行为具有正当事由而无需赔偿受害人，有些情形甚至因第三人赔付能力不足而无法完全弥补受害人损失。法律终归要回到现实，当法律无助之时，即受害人自担风险之时。侵权法的介入是有限的，大量的损害原则上停留于受害人处，只有符合侵权责任严格的构成要件方能启动侵权责任法的救济。综观《侵权责任法》对市民生活的介入和无奈，可见社会生活中的损害从风险自担到损害赔偿再回归风险自担。

第一章　中国特色的《侵权责任法》第24条基本理论问题

本章提要：学界有观点认为，司法实践应当限制适用《侵权责任法》第24条；也有观点认为，只要符合该条的立法理念和适用条件，均可适用。第24条的理论研究已经失去热度，其实证研究迫切在眉。《民法通则》颁行以来，司法实践中形成了许多优秀的判决成果，《侵权责任法》第24条自其诞生以来就具有浓郁的中国特色，我们应当总结这些年来本土司法实践的优秀经验，取其精华，去其糟粕，为第24条未来正确适用提供中国特色的有益注解。理论上，该条并非侵权责任归责原则，而是对损失救济的补偿规则，亦即损失分担规则。第24条的确立基础在于行为人的行为与受害人的损失之间具有事实上的因果关系，但不具有法律上的因果关系。有学者将第24条称为公平责任原则，公平责任原则并不是《侵权责任法》规定的归责原则，第24条仅是规定损失的承担，也就是说，这一条是基于公平而生的损失分担规则，并非公平责任原则。体系定位上，第24条是独立于侵权赔偿责任的补偿规则。第24条的分担依据有几种观点，包括贫富理论、风险理论、行为结果否定论、公平分担损失、行为与损害具有事实上的因果关系。第24条公平分担损失之补偿责任仅部分分担受害人损失，且要件严苛，补偿责任以分担损失为原则。第24条是基于公平而产生的分担，公平就是该规则的价值基础，而公平的下位价值就是对受害人的救济。法规范层面，《侵权责任法》第23条规定了见义勇为情形下受益人补偿义务；第31条规定了自然原因引起危险的情形下，紧急避险人适当补偿受害人；第32条第2款规定了有财产的无民事行为能力人、限制民事行为能力人造成他人损害的，从本人财产中支付赔偿费用；第33条第1款规定了完全民事行为能力人对自己的行为暂时没有意识或者失去控制造成他人损害没有过错的情形下，需要对受害人适当补偿；第87条规定了从建筑物中抛掷物品或者从建筑物上坠落的物品造成他人损害，难以确定具体侵权人的，由可能加害的建筑物使用人给予补偿。笔者在中国裁判文书网搜集案例时发现，司法实践中，重点不在于第24条适用或者不适用于哪些案件类型，因为过错责任纠纷、过错推定责任纠纷、无过错责任纠纷乃至于合同纠纷均正当需求着该条，故重点在于该条应当如何妥当适用，如何严格规范裁判的范围。在法律没有特别规定补偿规则的情形时，应当考虑行为人、过错、事实因果关系、无法律因果关系。损失分担规则分担的考量因素包括两个方面：一是受害人的损失程度，二是双方当事人的财产状况。第24条在司法中以如下方式适用方为妥当：其一，确定损害的存在，并确定行为人和受害人对损害的发生都没有过错，同时也不属于法律规定的无过错责任情况。其二，判定行为人的行为与受害人的损害之间是否存在法律意义上的因果关系。其三，判定案件事实是否有具体的条款可以适用。其四，在完成上述确定和排除之后，根据经济状况、损害严重程度、社会稳定等“实际情况”进行判定。其五，当确定适用该条分担损失之后，再根据“实际情况”确定双方最终分担的额度。《侵权责任法》第24条适用的步骤（四步走）为：第一步，判断行为人是否有过错；第二步，判断受害人是否有过错；第三步，判断本案是否存在适用公平责任原则的事由；第四步，确定分担损失的比例。

《侵权责任法》第24条规定：“受害人和行为人对损害的发生都没有过错的，可以根据实际情况，由双方分担损失。”对于这一条规定，学界可谓盛赞有加，它既彰显了民法的公平理念，又适应了人们普遍朴素而又善良的道德理念。民法规范主要是裁判规范，并通过裁判规范为人们提供行为规范，这条作为民法公平价值的立法表达是成功的，然而，其作为裁判规范是否发挥了它应有的规范价值？并且学界也有质疑之声，认为该条在司法实践中的适用应当受到限制。

一、《侵权责任法》第24条有限适用理念

关于第24条的司法适用，一些学者认为：第24条在法官的判决中运用得相当广泛，甚至出现了一定程度的随意性，这种滥用会削弱过错责任，危害行为自由。[1] 当然，对于该条的适

〔1〕 窦海阳：《侵权法中公平分担损失规则的司法适用》，载《法商研究》2016年第5期，第125页。叶金强：《〈侵权责任法〉第24条的解释论》，载《清华法学》2011年第5期，第41页。高留志：《〈侵权责任法〉第24条的理论操纵及其还原》，载《河南财经政法大学学报》2013年第5期，第104页。

用是否应予以限制以及如何限制，争议很大：一是第 24 条应当被限制使用，学者们担忧司法机关很容易滥用该条，将之作为司法和稀泥的利器；而有学者认为第 24 条的立法目的在于赋予法官自由裁量权，授权法官在个案中通过衡平手段对损害进行合理分配，从而达到公平正义之目标。[1] 缘何学界一种观点认为该条容易为司法机关滥用，而另一种观点又宣称该条是法官自由裁量之限？既然自由裁量，如何防止滥用？我们很难说，一个法院在认定主次责任为 6. 5∶3. 5 是错误的，而一定要认定成 7∶3 或其他。二是有学者担忧第 24 条过度适用将会破坏侵权责任法的主线——过错责任，[2] 而有学者认为该条仅能适用过错责任之中[3]，为何两者本应相伴相生，相辅相成，共同构成《侵权责任法》权利保障体系，何谓破坏而不谓和谐？该条又该如何与过错责任乃至无过错责任和谐相处？三是一些学者为了限制该条的适用，索性将第 24 条架空，认为本条的具体适用类型仅限于法律的特别规定，或者将来通过司法解释做出类型化规定，没有法律规定，不能以双方都没有过错为由而适用公平

---

〔1〕 陈本寒、陈英：《公平责任归责原则的再探讨——兼评我国〈侵权责任法〉第 24 条的理解与适用》，载《法学评论》2012 年第 2 期，第 138 页。

〔2〕 叶金强：《〈侵权责任法〉第 24 条的解释论》，载《清华法学》2011 年第 5 期，第 41 页。

〔3〕 郭明瑞：《关于公平责任的性质及适用》，载《甘肃社会科学》2012 年第 5 期，第 101 页。

责任。[1] 但又有学者认为，第24条具有单独的适用性，该条应当是规则而非原则。[2]

公平责任原则理论争论现热度逐减，理论界转向对第24条的解释，而理论的解释又多是逻辑推演或历史研究、比较法研究等，对实证研究关注颇少。[3] 第24条的实证研究迫切在眉。自《民法通则》颁行以来，司法实践取得了许多优秀的判决成果，《侵权责任法》第24条自其诞生以来就具有浓郁的中国特色，我们应当总结这些年来本土司法实践优秀经验，取其精华，去其糟粕，为第24条未来的正确适用提供具有中国特色的有益注解。

二、第24条的体系地位

《侵权责任法》第24条延续了《民法通则》第132条的规定，但是从逻辑体系的角度考量该条的话，我们会发现该条在《侵权责任法》中的体系地位并不那么明朗。有学者认为，该条规定的是侵权责任的归责原则即公平责任原则；有学者认为，

---

〔1〕 陈本寒、陈英：《公平责任归责原则的再探讨——兼评我国〈侵权责任法〉第24条的理解与适用》，载《法学评论》2012年第2期，第140页。郭明瑞：《关于公平责任的性质及适用》，载《甘肃社会科学》2012年第5期，第99页。张善斌：《公平责任原则适用存在的问题及对策》，载《河北法学》2016年第12期，第48页。

〔2〕 高留志：《〈侵权责任法〉第24条的理论操纵及其还原》，载《河南财经政法大学学报》2013年第5期，第104页。

〔3〕 窦海阳：《侵权法中公平分担损失规则的司法适用》，载《法商研究》2016年第5期，第125页。

该条并不能称为一项归责原则，而仅仅是对损失的分担规则。学者的出发点都是该条暗含着的公平理念，都体现着民法的人文关怀，都是值得肯定的。然而，民法的逻辑体系比较严密，在未来制定民法典之时，该条规范到底应该被置于何处，值得我们进行细致的逻辑体系安排。于是，该条就涉及称谓问题、体系地位问题以及与受益人补偿义务之间关系的问题。

（一）公平责任原则祛魅

《侵权责任法》第 24 条的规范价值即在于公平，于是有学者认为，该条规范就是公平责任原则；然而，可以说整部《侵权责任法》都体现着民法对于公平的坚守和追求，那么为何仅是此条独有此殊荣可以被称为公平责任原则呢？“公平作为法律的价值之一，也理应成为侵权法律制度致力于实现的目标。过错责任、无过错责任是此种价值追求的体现，在特殊情况下的损失分担规则同样是其基本要求。”[1] 基于此种质疑，有学者指出该条其实是损失分担规则，是一项特殊的，在行为人和受害人之间分担损失的规则。可见，公平责任原则强化该条对责任成立和责任分担的实质意义，但是损失分担规则弱化了责任成立，仅仅强调损失在当事人之间的分担。

1. 公平责任原则

王利明教授认为：“公平责任又称衡平责任，是指在法律规

〔1〕 侯国跃：《中国侵权法立法建议稿及理由》，法律出版社 2009 年版，第 189 页。

定的情形下，根据当事人双方的财产状况等因素，由双方公平合理地分担损失。”[1] 公平责任原则是辅助性原则，在一些情况下，依据过错责任难以处理一些特殊的侵权案件，而按照过错推定、严格责任又没有法律依据，此时有必要赋予法官一定的公平裁量权，在当事人之间合理地分担损害。[2] 归责原则模式为公平责任原则的适用提供了体系化的法律支撑，避免了繁琐解释中自由裁量权的反复运用和由此可能引发的法官过度自由裁量的危险，更有利于解决司法实践中的公平责任滥用问题。[3] 赞成这种观点的学者通常将公平责任与原则相互联系，形成公平责任原则，他们将公平责任原则纳入侵权责任归责原则的视野考虑，于是出现了归责原则三原则和四原则之说。既然是归责原则之一，公平责任原则也就要考虑责任归附于行为人的正当性，亦即责任成立问题。

2. 损失分担规则

反对公平责任原则的学者认为：“在公平责任中，法律基于公平的考虑在加害人与受害人之间强制进行了损失分摊，而非确定了由加害人承担侵权赔偿责任。”[4]，也就是说，反对者的论述集中在以下四点：其一，不否认公平是该条考虑的法律价

---

〔1〕 王利明：《侵权责任法研究》（上卷），中国人民大学出版社2016年版，第281页。

〔2〕 王利明：《侵权责任法研究》（上卷），中国人民大学出版社2016年版，第229页。

〔3〕 张善斌：《公平责任原则适用存在的问题及对策》，载《河北法学》2016年第12期，第45页。

〔4〕 程啸：《侵权责任法》，法律出版社2015年版，第110页。

值，而且也不希望在价值判断之上过多争执；其二，强调该条是行为人和受害人之间的损失分担，是不考虑侵权责任问题的损失分担，是侧重于补偿而非赔偿的损失分担；其三，基于公平的价值理念，该条规范只能是从价值到价值，亦即体现法律的一种价值偏好上的强制性；其四，从责任成立和责任承担维度来考量的话，该条既然不考虑责任，也就是说，该条之中，责任成立和责任承担就是假命题。另外，当我们考察一个条文的内涵时，体系解释也许会给我们意想不到的启发。从《侵权责任法》第 24 条在整个法律体系中的位置可以看出，第 23 条规定的是见义勇为情形下，受益人对见义勇为者的损失进行补偿；第 25 条规定的是赔偿费用的支付方式；由此可见，第 24 条也是规定损失的承担，也就是说，这一条是基于公平而生的损失分担规则，并非公平责任原则。

公平责任原则并不是《侵权责任法》规定的归责原则，公平责任仅是适用过错归责原则中的一种特殊情况，是损害赔偿责任或者损失分担的特殊规则。[1] "在公平责任中，法律基于公平的考虑在加害人与受害人之间强制进行了损失分摊，而非确定了由加害人承担侵权赔偿责任。"[2]

第 24 条规范的性质是损失分担规则，它不同于第 7 条规定的无过错责任。虽然第 7 条不能发挥裁判功能，实际上第 7 条

---

〔1〕 郭明瑞：《关于公平责任的性质及适用》，载《甘肃社会科学》2012 年第 5 期，第 99 页。

〔2〕 程啸：《侵权责任法》，法律出版社 2015 年版，第 110 页。

仅具有引致功能，它向世人宣布：有一种责任，依据法律规定，不论行为人有无过错，都需要承担侵权责任。具体而言，第7条和第24条的区别在于：首先，两者的法律效果不同。在法律规定的具体无过错责任情形下，行为人均承担完全侵权责任，除非有免责减责事由存在。第24条并非如此，后者的法定效果是双方分担损失而不是行为人承担全部损害赔偿，并且此条没有免责事由。其次，行为人过错的影响不同。第7条包含一种情形是第24条所不能适用的，那就是行为人具有过错。例如，产品责任中，明知产品存在缺陷仍然生产、销售的，造成他人死亡或者健康严重损害的，被侵权人有权请求相应的惩罚性赔偿。在无过错责任中，行为人具有过错的法律意义在于，惩罚性赔偿要求行为人主观状态是故意；但是第24条却并非如此，如果某一纠纷存在行为人主观故意，那就不能适用此条裁判。最后，两者的规范功能不同。无过错责任必须有法律特别规定才能适用，第24条可以作为独立的裁判依据，在受害人和行为人均无过错的情形下，法院可以根据实际情况判决双方分担损失。可见，从行为人过错、法律效果和规范功能来看，损失分担规则和无过错责任实质迥异，更勿言将第24条定位于无过错责任的一般条款。

（二）第24条的体系地位

1. 称谓公平责任原则的辅助性归责原则

王利明教授认为："公平责任原则是辅助性原则，在一些情况下，依据过错责任难以处理一些特殊的侵权案件，而按照过错推定、严格责任又没有法律依据，此时有必要赋予法官一定的公平裁量权，在当事人之间合理地分担损害。”[1] 先生这样认为的具体理由在于：归责原则的体系上，适用公平责任原则的情形无法纳入其他归责原则；归责的基础上，其依据分担能力来分配责任；功能上，公平责任原则同时确定责任成立和损失分配。所以，他得出结论：“公平责任在性质上属于法律责任。”[2] 价值上，公平责任属于法律责任，其涉及的问题还是侵权责任，当然就要涉及侵权责任的成立和承担两个方面。在责任成立方面，该条的适用就要求当事人没有过错，又因为法律对此种情形并未规定为无过错责任，所以构成要件上排除过错；在责任承担方面，该条的适用并不仅仅要求判定当事人的损失，而是要求综合考虑当事人的损害和经济状况，特别是经济状况，这与我们对损害赔偿填平原则的认识似乎是有出入的。

2. 无过错责任

无过错责任中，又存在两种观点：一种观点认为第 24 条是无过错责任的一种类型，另一种观点认为第 24 条是无过错责任的一般条款。

关于第 24 条是无过错责任一种类型的观点。程啸教授认为：“从公平责任的性质上看，它属于无过错责任的范畴。从特

---

〔1〕 王利明：《侵权责任法研究》（上卷），中国人民大学出版社 2016 年版，第 229 页。

〔2〕 王利明：《侵权责任法研究》（上卷），中国人民大学出版社 2016 年版，第 282、285－286 页。

征上看，公平责任与无过错责任的基本特征是相同的，即它们都不以侵权行为人主观上的过错作为承担侵权责任的要件，两者都是无过错也要承担责任。因而公平责任只能从属于无过错责任，是无过错责任的一种类型。"[1] 据此是否可以做如下判断：因为公平责任是无过错责任的特例，所以，当产生公平责任适用情形的时候，我们应该优先适用公平责任。但是，在公平责任之中，也存在一般和特殊的关系，"我国法上公平责任不仅地位极其重要，而且适用范围甚广，不仅有多个具体适用情形的规定，还有一般性规定。"[2]

关于第24条是无过错责任一般条款的观点。叶金强教授认为，第6条无疑应属过错责任的一般条款，但第7条却并非无过错责任的一般条款。第7条指向法律有特别规定的情形，不具有开放性。而且，其也非"只有与其他法条相结合才能展现其创设效果"的不完全法条，因为该条中并无独立于其他法条的特别构成或效果。

解释论上，笔者主张将第24条定位于无过错责任的一般条款，主要理由包括：首先，从价值基础来看，第24条规定行为人没有过错也要分担损失，此处损失"分担"的思想基础，显然系基于对"没有过错就没有责任"之信条的反思与批判，其认识到一概地认定没有过错就绝对没有责任之不妥，试图在行为人没有过错时，根据其他的归责因素来确定损害的分配。其

〔1〕 程啸：《侵权责任法》，法律出版社2015年版，第105页。

〔2〕 程啸：《侵权责任法》，法律出版社2015年版，第105页。

次，从逻辑层面来看，过错责任和无过错责任是两个相对应的范畴，在这两者之间不可能存在第三种责任。第24条为行为人所确立的负担，逻辑上怎么也不可能逃出无过错责任的射程。最后，第24条具备一般条款的基本特征。一般条款具有模糊价值，其因非常空灵而富有弹性，从而为法官自由裁量留下了广阔的空间。一般条款相当于对法官的空白授权，由法官在个案中进行价值补充，来实现个案正义。“《侵权责任法》第24条之规定具有一般条款所应具备的模糊性、规范性、授权性等特征，无论从价值基础还是从逻辑角度来看，均可解释为无过错责任的一般条款。”〔1〕当法律规定了公平责任的具体情形时，我们应当优先适用这些具体情形的规定；但当法律没有规定时，我们是否可以适用《侵权责任法》第24条这样一般性的规定呢？这种一般性的规定和相对于公平责任也具有一般性的无过错责任之间又是什么关系呢？无过错责任采用法定的形式，如果从一般性法条的适用来看，《侵权责任法》第24条和该法第7条一样，怎么能够单独适用呢？然而，我们看到司法实践中大量的案件直接引用《侵权责任法》第24条，这又该如何解释呢？“在司法实践中，也并不是所有的侵权纠纷案件中，凡是双方当事人均无过错的，就一定要由公平责任原则调整，由双方当事人公平分担责任。”〔2〕

---

〔1〕叶金强：《〈侵权责任法〉第24条的解释论》，载《清华法学》2011年第5期，第34页。

〔2〕杨立新：《侵权责任法》，北京大学出版社2014年版，第50页。

3. 过错责任

侯国跃教授认为："当事人分担损失的规则只适用于过错责任的案件而不适用于无过错责任的案件。因为，在无过错责任案件中，加害人是否有过错在所不问，亦即无论加害人是否有过错均应承担侵权责任。"〔1〕"所谓公平责任强调的是应适用过错责任原则时，可不以过错为构成要件而让双方分担损失或分担责任。"〔2〕这种观点从反面解释的角度认为，无过错责任是在无过错的情形下也要承担责任；而损失分担规则是在过错责任案件中，要求当事人双方都没有主观上的过错，这里无过错是一种主观状态，并不是一种归责原则。

4. 独立于侵权赔偿责任的补偿规则

针对第2、3种观点，有学者指出了损失分担规则与无过错责任和过错责任之间的区别："《侵权责任法》第24条是没有过错时的损失分担，是一种部分补偿，故与过错责任原则以过错为要件且实行完全赔偿不同，与无过错责任原则不考虑过错且使用范围严格限定也不同。"〔3〕损失分担规则的责任形式为补偿，这不属于损害赔偿的责任承担方式，也就并不存在侵权责任，也就不存在归责的问题，当然，此处不考虑行为人和受害

〔1〕侯国跃：《中国侵权法立法建议稿及理由》，法律出版社2009年版，第189页。

〔2〕郭明瑞：《关于公平责任的性质及适用》，载《甘肃社会科学》2012年第5期，第101页。

〔3〕高圣平主编：《中华人民共和国侵权责任法立法争点、立法例及经典案例》，北京大学出版社2010年版，第302页。

人的过错与无过错归责，但是要排除适用过错与无过错归责事由。也就是说，我们不将损失分担规则适用的情形作为侵权责任的情形来处理，亦即我们需要跳出侵权赔偿责任这样的思维定势，从补偿之维来把握损失分担规则。从整个救济法的角度来观察，民法对受害人的救济主要是赔偿和补偿两种形式，赔偿责任主要规定于《侵权责任法》之中，补偿并不然，也有行政补偿：其一，补偿的法理基础不在于责任，补偿本不属于《侵权责任法》之范畴；其二，补偿也是基于公平的考量，出于对受害人加以救济，且出于体系的完整性考虑，无法将其纳入其他法律部门，只能置于《侵权责任法》。所以，《侵权责任法》第24条规定的损失分担规则是独立于侵权赔偿责任的补偿规则。“在国家无法对所有的意外风险予以充分保障和救济之前，使行为人与受害人分担损失，这可以在一定程度上解决意外风险负担与社会和谐稳定问题。”〔1〕

（三）第24条与受益人补偿义务

《侵权责任法》第23条规定：“因防止、制止他人民事权益被侵害而使自己受到损害的，由侵权人承担责任。侵权人逃逸或者无力承担责任，被侵权人请求补偿的，受益人应当给予适当补偿。”学界多称此条为受益人补偿义务。

---

〔1〕田土城：《论“损失分担”的性质和适用——以〈侵权责任法〉第24条为例》，载《中州学刊》2013年第12期，第64页。

1. 损失分担规则与受益人补偿义务互有区别

王利明教授认为，公平责任和受益人的补偿义务是既密切联系又相互区别的关系，两者的区别主要是："第一，公平责任主要是行为人对自己行为造成的损害承担责任，但在受益人补偿义务的情形，补偿义务人并没有实施侵害他人的行为。第二，公平责任主要依当事人的经济状况等情况决定，法律并没有要求依据当事人的经济状况确定补偿义务的范围。第三，公平责任设立的目的主要是出于公平考虑而对无辜的受害人给予适当补偿，而受益人的补偿义务制度是法律为了鼓励见义勇为的行为而特别设立的一项补偿制度。"〔1〕先生观点的核心要素在于：行为人对受害人是否有侵权责任。根据上文，我们可以看出先生主张公平责任原则的独立性，第23条和第24条互有区别也就与此是一致的。

2. 损失分担规则与受益人补偿义务为种属概念

笔者认为，王利明教授的三点理由值得商榷：其一，"公平责任主要是行为人对自己行为造成的损害承担责任"，这点显然不能成为两者的区别。《侵权责任法》第87条是最为公平的一个条款，高空抛物致害时，也许有某一个行为人是真正的侵权人，但是其他补偿义务人事实上并不存在侵权行为，也就不存在"行为人对自己行为造成损害承担责任"。其二，受益人补偿义务也是适当补偿，这里的适当补偿"意味着法官要根据被侵

〔1〕王利明：《侵权责任法研究》（上卷），中国人民大学出版社2016年版，第295页。

权人所受害的严重程度，见义勇为者或其近亲属是否从见义勇为基金等其他地方获得了一定的补偿，见义勇为行为使受益人受益的程度、受益人的经济状况等因素，综合考虑后确定补偿的金额”，也就是说，受益人的补偿义务也是主要考虑“当事人的经济状况”。其三，两个制度的设立目的都是为了补偿无辜的受害人，受益人补偿义务里，见义勇为者即受害人，受益人需要补偿见义勇为者。所以根据上文论述，第 24 条规定的仅仅是损失分担规则，就像王利明教授在著作中所言：“受益人的补偿义务在性质上属于特定条件下的损失分担。”[1]

三、第 24 条何以确立

上文提及一个共识性问题，《侵权责任法》第 24 条的法律价值在于公平，体现的是民法的精神理念，但是也正如我们前文所提及的，整部法律都洋溢着公平的气质，何以会出现这样的损失分担规则？我们似乎有意无意在回避这样的问题：行为人为何需要对受害人进行补偿？补偿对受害人是公平的，对行为人也是公平的吗？

（一）第 24 条的分担依据

行为人何以被牵入损失分担规则之中？这才是行为人关心的问题。学者们一带而过地以公平解释之，似乎忽略了公平价

〔1〕 王利明：《侵权责任法研究》（上卷），中国人民大学出版社 2016 年版，第 295 页。

值之外的一些事实因素，这点也值得我们关注。一般认为，《侵权责任法》第24条规范的损失分担规则继受于《民法通则》第132条。该法施行以后，学者纷纷寻求其正当理据。

1. 贫富理论

大多数学者认为第24条的依据在于富人对穷人的补偿。由于第24条的理据在于劫富济贫，所以许多学者认为该条的适用须以当事人经济状况的显著差异为要件。在适用第24条时，不仅要考虑加害人而且要考虑受害人的经济状况。利用社会合作较多的富人对利用社会合作较少的穷人进行补偿是必要的。而在意外事故的当事人对损害的发生均无过错时，致害人对受害人损失的分担正是富人对穷人进行补偿的具体形式。[1]

2. 风险理论

风险理论不同于贫富理论。一般来讲，风险承担能力和收入（财产状况）是成正相关关系。当事人风险承受能力越强，风险带给他的损失就越小。一般来讲，对风险的承受能力是和当事人的收入（财产状况）成正相关关系，当事人收入（财产状况）越高，承受风险的能力就越强，这个论断一般是没有问题的。在适用时，一个重要的考虑因素就是双方当事人的风险承担能力。这里大致有三种可能：一是双方当事人风险承担能力基本相当；二是双方有比较大的差别，行为人的风险承担能力远远好于受害人；三是受害人风险承担能力远远好于加害人。

〔1〕 高留志：《〈侵权责任法〉第24条的理论操纵及其还原》，载《河南财经政法大学学报》2013年第5期，第105－106页。

对于第二种情形，适用公平责任可以达到一定程度的分担损失的目的。对于第一种情形，是否可以分担损失很难讲，或者说一般是不能的，因为是在行为人承担损失的基础上，来分担受害人的损失，而二者承担风险的能力又相当。对于第三种情形，是否要适用公平责任就需要考虑。笔者认为应该不适用，因为此时受害人承担风险的能力远远好于行为人。[1]

3. 行为结果否定论

从责任成立角度来看，公平责任的产生是法律对行为性质的肯定性评价和行为结果的否定性评价的综合结果。当事人之间经济状况很难成为单独的补偿理据。虽然我们认可先富帮后富这样的理念，但是司法实践中经常出现当事人之间的经济状况并非显著差异的情形，例如同为农村家庭的数个小孩相约河里游泳嬉戏，一个小孩不慎死亡，其父母诉至法院，法院依据公平责任，判决其他小孩父母适当补偿该小孩父母。此类案件中，数个小孩家境相似，一方补偿另一方并非出于劫富济贫；相反，其他家庭可能因为补偿而陷入生活维艰之步。富人对穷人的补偿理据还会遭遇另一种实践尴尬：如果受害人遇到的行为人比较富有，其可以获得补偿；如果受害人遇到的行为人不那么富有，其可能不会获得补偿。这种结果显然与人们的社会生活经验不符。

---

〔1〕胡伟强：《〈侵权责任法〉中公平责任的适用——一个法经济学的解释》，载《清华法学》2010年第5期，第101、104页。

4. 公平分担损失

王利明教授认为，“公平责任归责的基础是对损失的公平分担，主要考虑财产状况。公平责任也被称为因财产而产生的责任，或者说，它是因分担能力而产生的责任。”[1] 根据先生的观点，我们似乎可以得出这样的结论：公平是损失分担规则的依据，这样的分担是公平的，主要考虑的是两造当事人的资财能力，质言之，因为行为人资力充足，即使没有过错，也要补偿受害人。这种理解与损失分担规则的表象是一致的，但却并没有解释清楚行为人何以被牵入受害人的损害，如果仅仅是因为资财原因，那可能是会受到质疑的。

5. 行为与损害具有事实上的因果关系

公平只是价值上的因素，不能作为行为人补偿的依据，就像过错责任也体现公平的价值，但让当事人承担责任的是行为人的主观过错。那么，损失分担规则之中是否也有这样的因素，是基于公平价值而需要我们特殊对待的，是行为人的行为与受害人的损害后果之间的关系呢？笔者认为，这样的因素就是行为人的行为与受害人的损害之间具有时间、地点、人物上的事实上的关联性，行为人总是在某个时间、某个地点因为或可能因为某种行为而被牵入受害人的损害之中，也就是说，行为人的行为与受害人的损害具有事实上的因果关系。例如，紧急避险人、有财产的无民事行为能力人、暂时失去意识的完全民事

---

[1] 王利明：《侵权责任法研究》（上卷），中国人民大学出版社2016年版，第282－283页。

行为能力人，他们对受害人需要适当补偿不是因为他们有侵权责任，而是因为他们的行为与损害的发生有事实上的因果关系，这种事实上的因果关系因为特殊的法律政策而中断法律上的因果关系产生的可能性。不过需要注意的是，我们不能以过错考量行为人的行为，因为行为人主观上不具有可谴责性，也就是说，行为人的行为与损害后果之间并没有法律上的因果关系。正如王利明教授自己所言："被告虽无过错，但其行为与受害人的损害之间有一定的事实上的联系，故适当分担损失是合理的。"〔1〕

（二）第 24 条的制度价值

一般而言，侵权法也称救济法，民事救济就是对不符合民法要求的具体民事法律关系，按照抽象的民法权模式予以调整，使其恢复到圆满之状态，以平衡民事主体间的利益以及民事主体和社会的利益。〔2〕宏观而言，现行《侵权责任法》依两条主线递进建构受害人救济制度，一条名曰侵权责任，一条唤作补偿责任。相应地，该法将受害人的救济类型划分为赔偿救济和补偿救济。侵权责任以侵权损害赔偿责任为原则，赔偿责任对应补偿责任，构成侵权责任的，适用赔偿救济手段；未构成侵权责任的，确有救济的必要时，适用补偿救济手段，但前提是

〔1〕王利明：《侵权责任法研究》（上卷），中国人民大学出版社 2016 年版，第 290 页。

〔2〕赵万一：《民法的伦理分析》，法律出版社 2012 年版，第 359 页。

满足损失分担规则的适用要件。侵权责任法上侵权赔偿责任包括过错侵权责任（含过错推定责任）和无过错侵权责任。前者归责事由为过错，如该法第 6 条之规定；后者的归责事由包括危险源和控制力双重事由，替代责任的归责事由大多是控制力，高度危险责任、环境污染责任、饲养动物损害责任、产品责任的归责事由是危险源。该条主线是侵权责任主线，也是整部侵权责任法的核心。例外情形下，非侵权责任之公平分担损失规则以补偿责任为名，其分担事由为公平。有学者试图为该责任寻找正当的理据，如贫富理论或危险理论，但都不具有强烈的解释力，该制度的理据只能回归更为上位的公平价值。“公平”是体现在损害赔偿额的确定上，而不是体现在责任成立上。〔1〕这也反映了第 24 条在微观制度上的规范意旨。损害原则上停留于受害人处，例外地让行为人分担，分担的形式即为上述二者。侵权赔偿责任将使行为人完全分担受害人损失；赔偿责任以填平损失为原则，尽管也会存在减责或者免责事由，但属例外之例外。而第 24 条公平分担损失之补偿责任仅部分分担受害人损失，且要件严苛，补偿责任以分担损失为原则。当行为人行为构成侵权赔偿责任时，我们无理由适用补偿责任，即赔偿责任优先于补偿责任适用，换言之，过错责任、无过错责任优先于公平分担损失规则适用。公平责任的本质在于分担受害人损失，是侵权行为无法通过过错责任和无过错责任予以追责时的一种

〔1〕 张保红：《公平责任新论》，载《现代法学》2009 年第 4 期，第 52 页。

法定补偿机制。[1] 据此，整部《侵权责任法》的体系就是以赔偿和补偿两条主线建立起来。正如学者所言，公平责任中所谓的“责任”具有较强的补偿性质，其更多地体现了一种分配正义而非矫正正义，其目的主要在于平衡当事人双方的利益，对受害人提供适当的补救。[2] 当然，也有学者反对第24条作为一种分配正义出现在私法之中，因为，分配公正是公法上的问题而不是私法上的问题。[3] 笔者认为，特殊时代形成的第24条有其中国特色和中国本土适应性，立法将此条置于私法之中未尝不可。

特定社会背景下的侵权法，是为了适应该历史时期社会发展的需要而构建的，它在利益衡量过程中更要考虑会为社会带来什么样的后果和影响。[4] 第24条是在我们现在这样的社会历史背景之下制定的，其一定程度上反映了社会对该条的正当需求，当行为人和受害人均无过错时，本应免除行为人责任，但考虑到实际情况，于受害人有实质不公，为了适当救济受害人，科以行为人以适当补偿责任，一方面是为了实现对受害人利益的维护，另一方面是为了保持社会的稳定与和谐。这种社会效

〔1〕 陈科：《公平责任一般条款的司法适用——以100份侵权案件判决书为分析样本》，载《法律适用》2015年第1期，第14页。

〔2〕 王利明：《侵权责任法研究》（上册），中国人民大学出版社2016年版，第283页。

〔3〕 杨代雄：《一般侵权行为的无过错损失分担责任》，载《华东政法大学学报》2010年第3期，第106页。

〔4〕 李璐：《论利益衡量理论在民事立法中的运用》，中国政法大学出版社2015年版，第163页。

果和影响正是该制度存在的内生价值。罗尔斯认为，作为公平的正义所需要的稳定性需要一个前提，即它首先应该属于一种自由主义的政治观点，而当诉诸公民的公共理性的时候，这种观点的目标对于理性的和合理的、自由的和平等的公民是可接受的。[1] 全国人大常委会法制工作委员会民法室认为，普通民众已经接受这种稳定性需求之下的公平观念，老百姓愿意出于道义拿出钱来对受害人提供帮助。[2] 杨立新教授也认为，我国《侵权责任法》确认公平责任，并作明文规定，是符合社会利益和广大人民群众的意志和愿望的。它既能有效地保护当事人的合法利益，又能及时解决损害赔偿纠纷，防止事态扩大和矛盾激化，促进安定团结，有利于调动一切积极因素，投入到现代化建设中去。[3] 支持第24条的学者认为该条追求的公平是再分配领域的公平，依据这种公平观念，社会财富的差距不能过大，不幸者理应得到怜悯，强者应该救助弱者；这种意义上的公平应该通过国家干预，通过财富的再分配来实现。[4] 所以，第24条追求公平与和谐立法目的和救济受害人的规范意旨是值得肯定和延续的。

损失分担规则是基于公平而产生的分担，似乎公平就是该

---

〔1〕［美］约翰·罗尔斯：《作为公平的正义》，中国社会科学出版社2011年版，第223页。

〔2〕全国人大常委会法制工作委员会民法室编：《中华人民共和国侵权责任法条文说明、立法理由及相关规定》，北京大学出版社2010年版，第93页。

〔3〕杨立新：《〈中华人民共和国侵权责任法〉精解》，知识产权出版社2010年版，第96页。

〔4〕李显冬：《侵权责任法》，北京大学出版社2014年版，第86页。

规则的价值基础，而公平的下位价值就是对受害人的救济，就像王利明教授所言，“公平责任实际上是公平原则在侵权责任法领域的体现。公平责任的目的不是对不法行为人的过错实施制裁，而是在当事人双方对造成损害均无过错的情况下，由当事人适当分担意外损害，对受害人进行适当的补救。公平责任是基于公平的观念进行补偿。”[1] 自下而上，我们可以看出，损失分担规则通过对受害人的救济，实现对受害人的公平。

除了公平的价值理念之外，学界还认为，第24条某种程度上体现了正义的要求，这种要求是分配正义的要求。诚如王利明教授所言：“公平责任中所谓的责任具有较强的补偿性质，其更多地体现了一种分配正义而非矫正正义。”[2]

四、第24条如何分担

在明确了第24条的确立原则之后，我们还需要厘清该规则在司法适用中的一些规则。

（一）第24条适用的法定情形

有观点认为，损失分担规则属于补偿规则，其不适用赔偿规则的过错归责原则或无过错归责原则；也就是说，凡是可以适用赔偿规则归责原则的，就没有适用补偿规则的余地。因为：

〔1〕 王利明：《侵权责任法研究》（上卷），中国人民大学出版社2016年版，第282－284页。

〔2〕 王利明：《侵权责任法研究》（上卷），中国人民大学出版社2016年版，第283页。

行为人的行为造成受害人的损害，原则上应当由受害人自行承担，除非法律有特殊规定，这样的特殊规定就是过错和危险事由下的过错责任原则的侵权责任和无过错责任的侵权责任；这两种特殊规定如果都没有适用的余地，我们就应该考察是否适用补偿规则，虽然当事人双方都没有过错，但是行为人的行为毕竟与受害人的损害之间具有事实上的因果关系。这样的补偿规则形式上是违反“损害由受害人自行承担，除非行为人有过错或者法律有特殊规定”这样的赔偿原则的，补偿规则之下并不存在过错。有学者认为：“对公平责任的适用须严加限制，否则会造成有资力的一方当事人承担社会保障制度的任务。在我国法上，由于存在《民法通则》第132条与《侵权责任法》第24条这种对公平责任的一般性、模糊性的规定，因此，公平责任的适用将变得难以确定，当事人对自己的行为也将丧失可预期性。”[1]

1. 实证法规定

“在实践中，经常发生此种情况，即由于各方面的原因，使原告难以就被告的过错问题进行举证，但被告也不能通过反证证明其没有过错，对此种情况，即应适用公平责任。公平责任只能适用于法律特别规定的情形，我国法律只对特定情况作了规定。应当将第24条理解为对公平责任适用条件的规定，而不

---

〔1〕 程啸：《侵权责任法》，法律出版社2015年版，第106页。

能理解为是普遍适用于一般情况的公平责任规则。”[1]《侵权责任法》也详细列举了立法者认为需要特殊规定的损失分担规则情形：《侵权责任法》第23条规定了见义勇为情形下受益人补偿义务；第31条规定了自然原因引起危险的情形下，紧急避险人适当补偿受害人；第32条第2款规定了有财产的无民事行为能力人、限制民事行为能力人造成他人损害的，从本人财产中支付赔偿费用；第33条第1款规定了完全民事行为能力人对自己的行为暂时没有意识或者失去控制造成他人损害的没有过错的情形下，需要对受害人适当补偿；第87条规定了从建筑物中抛掷物品或者从建筑物上坠落的物品造成他人损害，难以确定具体侵权人的，由可能加害的建筑物使用人给予补偿[2]。司法实践中也认可因因外情况造成损害适用损失分担规则。[3]

2. 司法实践

有观点认为，公平责任不能适用于法律规定适用无过错责任的场合。公平责任不能适用于过错推定责任。所谓公平责任强调的是应适用过错责任原则时，可不以过错为构成要件而让

〔1〕王利明：《侵权责任法研究》（上卷），中国人民大学出版社2016年版，第285、290页。

〔2〕也有不同的认识，比如王竹教授认为，建筑物抛掷物、坠落物致害属于道义补偿责任。参见王竹：《侵权责任法疑难问题专题研究》，中国人民大学出版社2012年版，第237页。

〔3〕全国人大常委会法制工作委员会民法室编：《中华人民共和国侵权责任法条文说明、立法理由及相关规定》，北京大学出版社2010年版，第91页。

双方分担损失或分担责任。[1] “当事人分担损失的规则只适用于过错责任的案件而不适用于无过错责任的案件。因为，在无过错责任案件中，加害人是否有过错在所不问，亦即无论加害人是否有过错均应承担侵权责任。”[2] 无过错责任本是法律基于危险理论而对特定当事人苛以重责的制度，若侵权行为不满足无过错责任的基本构成要件，如产品不存在缺陷，则不仅不具备赔偿损失的法律依据和道义基础，而且“行为”与损害结果间的因果律也不复存在，自无公平责任适用的必要。[3] 司法实践中，第24条不仅适用于过错责任纠纷，而且适用于无过错责任纠纷、过错推定责任纠纷、合同纠纷。

截至2017年7月24日，笔者在中国裁判文书网以“《侵权责任法》第24条”作为关键词搜索案件，显示2461个结果，笔者选取判决书作为本文的研究文本，结果为2136个。笔者查询发现，特殊过错责任纠纷中，医疗损害责任纠纷有64则，违反安全保障义务责任纠纷26则，机动车交通事故责任纠纷177则。过错推定责任纠纷中，教育机构责任纠纷10则，物件致害责任（包括地面施工、地下设施损害责任纠纷，林木折断损害责任纠纷，物件损害责任纠纷）3则，共13则。无过错责任纠

〔1〕 郭明瑞：《关于公平责任的性质及适用》，载《甘肃社会科学》2012年第5期，第101页。

〔2〕 侯国跃：《中国侵权法立法建议稿及理由》，法律出版社2009年版，第189页。

〔3〕 陈科：《公平责任一般条款的司法适用——以100份侵权案件判决书为分析样本》，载《法律适用》2015年第1期，第14-15页。

纷中，产品责任纠纷 4 则，环境污染责任 1 则，监护人责任 7 则，饲养动物损害责任 5 则，共 17 则。合同纠纷，包括银行卡纠纷、农村土地承包合同纠纷、承揽合同纠纷、运输合同纠纷、服务合同纠纷，共 9 则。由此可见，第 24 条主要适用于过错责任纠纷中，但是也不可否认无过错责任、合同纠纷适用第 24 条的正当需求。从请求权基础角度而言，如果一个案件的请求权基础在于合同，即一方当事人主张另一方当事人存在违约，那么，在法院认定另一方当事人非为违约的情形下，是否可以适用《侵权责任法》第 24 条公平责任原则，由双方当事人分担损失？在本文研究的案例中，只有"王桂荣与武汉市公共交通集团有限责任公司第二营运公司城市公交运输合同纠纷"[1] 中，二审法院否定了一审法院援引《侵权责任法》裁判的做法："对于王桂荣的损失赔偿，可以适用侵权之诉，也可以适用合同违约之诉。根据民事诉讼中当事人自由处分的原则，王桂荣既然选择合同违约之诉，一审适用《中华人民共和国侵权责任法》就是错误的，应予纠正。"另外，还有一个附随问题，二审法院基于同样的理由，否认了合同纠纷中的精神损害赔偿："本案系城市公交运输合同纠纷，一审确认精神抚慰金不妥，二审予以纠正。"除本案之外，其他的案件中，二审法院均认可了一审法院援引《侵权责任法》作为裁判依据。笔者认为，原则上，以合同纠纷诉请法院，应当以《合同法》作为裁判依据，但是并不能据此完全否认《侵权责任法》对合同纠纷的渗透，否则将

[1] 湖北省武汉市中级人民法院民事判决书（2016）鄂 01 民终 8164 号。

会有失公允。《合同法》追求意思自治或曰私法自治，《侵权责任法》追求对人的保护，侵权法也称权利保障法。在合同纠纷中适用《侵权责任法》并不是为了限制当事人的私法自治，而是为了保护一方当事人的合法权益。所以，这些案例最主要考量的因素是公平。本书研究的这些案例，人民法院均有这样的法感情，虽然双方当事人均无过错，但一方给予受损害方适当的补偿是符合公平理念的。法院并没有直接适用《合同法》第5条，而是选择适用《侵权责任法》第24条，因为后法明确规定了公平责任适用的构成要件，可谓公平原则的具体化，这反映了这些法院严谨的法律逻辑思维和庄重的公平正义精神。所以，合同纠纷中适用《侵权责任法》无可厚非。

3. 具体案例观察

案例一：在“曾少良、李洪英与朱海安、景丽、丁培安生命权、健康权、身体权纠纷”[1] 中，法院认为：“尽管结伴参加旅游的各被告对丁玖洪的死亡并无过错，且已尽必要的救助义务，作为具有临时性互助团队的一员仍应分担民事责任，给予曾少良、李洪英适当的经济补偿。”本案的案由是“生命权、健康权、身体权纠纷”，本案适用损失分担规则的原因在于，虽然各被告对受害人的受损并没有过错，但是“作为具有临时性互助团队的一员仍应分担民事责任”，这个结论的得出可能属于从价值到价值的方法，让我们对这样未经论证直接分担的判决的合理性和合法性都有疑惑。

---

〔1〕 四川省成都市中级人民法院民事判决书（2015）成民终字第118号。

案例二：在“陈美娟、陈伟强与古巷镇古四村民委员会提供劳务者受害责任纠纷”〔1〕中，法院认为：“本案中陈进林的死亡，双方当事人都没有过错，也不属于适用无过错责任原则情形，而陈进林的死亡造成其家庭经济生活困难，故结合本案具体情况，可适用公平责任原则，确定村委会给予陈美娟、陈伟强一定经济帮助。”本案的案由是“提供劳务者受害责任纠纷”，本案适用损失分担规则的原因在于，虽然双方都没有过错，也不适用无过错责任，但是受害人的死亡造成其家庭经济生活困难，所以要给予适当补偿。

案例三：在“大唐陕西发电有限公司户县热电厂与赵美丽财产损害赔偿纠纷”〔2〕中，法院认为：“本案所涉火灾起火部位位于电厂路西边北段综合厂后部夹道围墙下排水沟口处，起火原因为排除后院杂物棚电器起火，不排除外来火源或烟头引燃树叶。可见，本案双方当事人对于火灾的发生均无过错，但火灾确已导致赵美丽遭受较大的财产损失，故原审判决依据上述公平原则判令大唐热电厂对赵美丽的损失承担20%的补偿责任，于法有据，并无不当。”本案的案由是“财产损害赔偿纠纷”，本案适用损失分担规则的原因在于，虽然双方对火灾的发生均无过错，但“火灾确已导致赵美丽遭受较大的财产损失”。

案例四：在“孟令针、张某甲等与国网河南原阳县供电公

〔1〕广东省潮州市中级人民法院民事判决书（2014）潮中法民一终字第265号。

〔2〕陕西省西安市中级人民法院民事判决书（2014）西中民一终字第00415号。

司、原阳县公路局机动车交通事故责任纠纷”中[1]，法院认为：“国网河南原阳县供电公司在距路沿石60厘米外堆放电线杆，其堆放行为虽未占用道路，也未影响通行，对本次事故也不存在过错，但其在道路旁边堆放电线杆客观上对受害人张长行的死亡形成了作用，与张长行的死亡有事实上的因果关系。根据有关公平责任的法律规定，当事人对损害的发生都没有过错，损害由行为人引起的，且不属于法律规定的无过错责任情形的，可以根据双方的经济状况和损害程度等因素，依情形由受害人和行为人分担损失。”本案的案由是“机动车交通事故责任纠纷”，本案适用损失分担规则的原因在于，被告对受害人的死亡虽然没有过错，但形成了作用，被告的行为与受害人死亡具有事实上的因果关系。笔者欣赏该判决对损失何以分担作出的说明，该判决也正确地指出了分担的依据在于行为人的行为与受害人的损失之间具有事实上的因果关系，但是该判决却忽视了损失分担规则适用的法定性。

以上四则案例是笔者选取的四种案由案件的代表性案例，主要包括：笔者随机搜索的案件有这样一些共同性：①都适用了公平责任原则，判决援引《侵权责任法》第24条；②都非侵权责任法规定的特殊损失分担规则的案件；③都没有论证行为人何以补偿受害人。笔者认为，这些案件适用《侵权责任法》第24条，虽然在一定程度上能够起到定纷止争、息事宁人的功

〔1〕 河南省新乡市中级人民法院民事判决书（2015）新中民一终字第1290号。

效，但其对行为人来说难谓公平：这四种案由的纠纷，原则上应适用过错责任原则或者无过错责任原则，在法律没有规定无过错责任的或者原告未能证明被告有过错的，旋即适用公平责任原则是没有法律依据的。

对于赋予法官一定自由裁量权的制度，学者都有一种天然的担忧：害怕法官滥用自由裁量权，损失分担规则也不例外。“认定没有过错是适用公平责任的前提，这就需要法院首先审慎地认定当事人的行为，准确地得出没有过错的结论，而不能用十分宽松的过错标准来衡量行为人有无过错的问题，从而把有过错的案件作为没有过错的案件处理，或者把所有依过错难以处理的案件不适当地按公平责任处理，否则可能严重威胁过错责任作为一般原则的地位，导致民事规则体系的瓦解。”〔1〕

4. 无过错责任纠纷适用第24条的启发

在笔者搜集的案例中，无过错责任纠纷适用第24条也有一定的启发。监护人责任纠纷中，法院适用公平责任原则考虑的实际情况是事件发生的起因，一般是行为人和受害人的共同行为，包括玩耍、游戏等。当然也会考虑受害人的损失大小、邻里关系和睦等因素。

产品责任纠纷中给我们的启发是：无过错责任纠纷中适用公平责任原则的前提之一是，本案原告未能举证证明产品存在缺陷，且未能证明缺陷产品造成自己的损害，即因果关系证明

〔1〕 王利明：《侵权责任法研究》（上卷），中国人民大学出版社2016年版，第287页。

缺失，这就使得原告丧失胜诉的机会。但是法院认为，原告遭受损害的情况客观真实，被告产品与原告损害之间存在可能的因果关系，再结合本案实际情况，由双方当事人分担损失。而适用公平责任原则的事由有：受害人遭受重大人身损害，行为人于受害人处或有利益，原被告经济条件对比等。

环境污染责任纠纷中，法院认为本案构成事实上的侵权责任，但是存在不可抗力等免责事由，此时应当免除行为人责任。考虑到双方当事人均无过错，根据实际情况，例如受害人损失等，判决受害人和行为人分担损失。本案给我们的启发是：无过错责任纠纷中适用公平责任原则的前提之一是，本案构成事实上的侵权责任，但存在免责事由，依法免除行为人侵权责任；但是考虑到双方当事人均无过错，以及本案的实际情况，完全免除行为人责任于受害人实为不公，所以法院基于公平的考量，由双方当事人分担损失。

饲养动物损害责任纠纷给我们的启发如同产品责任纠纷一般，如果原告未能证明因果关系存在，法院根据实际情况可以判决分担损失。但是如果原告证明被告饲养动物的行为构成无过错侵权责任，则应当按照具体法律后果确定当事人的责任承担，而不宜按照公平责任原则进行处理，这就需要明确公平责任原则的适用前提，即只有在不构成侵权责任的前提下方能适用。如果构成侵权责任，则不存在适用公平责任的空间。

（二）第24条分担的适用条件

1. 法律特别规定补偿情形下的司法适用

损失分担规则是补偿规则，补偿规则属于救济法的特殊规则，当以法律的特别规定为准：原则上损害当停留于受害人处，但要让其他人分担损失就必须有正当合理的事由，否则对行为人是不公平的，所以，为了避免这样的不公平，该规则的适用当是法律明定的。当然，这种“劫富济贫”似的救济方式实质上对行为人并非公平的，特定的行为人承担了原本属于社会应该承担的保障功能，所以也有学者认为：“从长远看，构建意外事故社会救助基金制度是解决侵权法内在价值冲突的必然逻辑。”〔1〕

损失分担规则的适用条件之一就是法律的特别规定，但是如何理解此处的特别规定又存在两种解释的可能性：其一，法律特别规定应当是特别规定损失分担规则的具体情形；其二，法律特别规定不仅包括损失分担规则的具体情形，也包括法律特别规定的损失分担规则的一般情形，也就是《侵权责任法》第24条。笔者认为，损失分担规则既然属于法律的特别规定规则，其在适用的时候就应当以法律的特别规定案型为准。对于第24条这样的规定，原则上不能单独适用，需要结合具体规则综合适用，就像我们不能单独适用该法第7条那样。甚至有学

〔1〕　高留志：《〈侵权责任法〉第24条的理论操纵及其还原》，载《河南财经政法大学学报》2013年第5期，第103页。

者直截了当地认为："未来我国民法典中应当取消类似于《民法通则》第132条与《侵权责任法》第24条的规定，而是针对有必要规定的适用公平责任的具体情形逐一加以规定即可。"〔1〕"在司法实践中，第24条仅适用于双方均无过错的情况，而且为了确保法律的安定性，该条不宜直接作为损害分担的法律依据，需要通过限制性的司法解释将其适用的案件类型予以具体化。"〔2〕

2. 行为人的含义

在法律没有特别规定补偿规则的情形时，应当考虑行为人、过错、事实因果关系、无法律因果关系。就适用前提来看，不同于《民法通则》第132条之规定，第24条以"受害人和行为人"取代"当事人"之表达。比较而言，"当事人"的意义较为宽泛，而"行为人"表达之中暗含了因果关系的要求，故损害需要是行为人导致的。这样，原可适用《民法通则》第132条的那些被告人分担并非由其导致的损害的案型，就不可以适用第24条来解决。〔3〕

---

〔1〕 程啸：《侵权责任法》，法律出版社2015年版，第107页。

〔2〕 陈本寒、陈英：《公平责任归责原则的再探讨——兼评我国〈侵权责任法〉第24条的理解与适用》，载《法学评论》2012年第2期，第136页。王竹教授运用历史研究方法，回顾了《民法通则》第132条的历史演进，经过考察，他认为，《民法通则》第132条的适用，不能抛开第133条的限定，该条文不但不是归责原则，而且也不能单独作为责任基础适用。参见王竹：《侵权责任法疑难问题专题研究》，中国人民大学出版社2012年版，第222页。

〔3〕 叶金强：《〈侵权责任法〉第24条的解释论》，载《清华法学》2011年第5期，第38页。

“行为人”的适用范围过于宽泛。从适用情况来看，两种表述在实践中的范围并不存在实质差别，因为法官对行为人作宽泛认定，使其不限于行为导致损害的人，在更多情况下还囊括了行为与损害事件有关联但非致害的人。这种宽泛的认定其实也就使行为人相当于与损害事件有关的当事人。于是，原本希望通过替换主体表述的方式达到缩小范围的效果并未产生。行为人概念并没有被限定为致害行为人，其“行为”的范围囊括与损害事件相关的行为。将行为人理解为行为与损害事件有关的人，导致该条的调整范围囊括了各种具有损害后果的情况，这不仅包括了侵权法领域中过错责任和无过错责任规制之外的所有情况，而且还扩及合同履行中的损害等侵权法领域之外的损害事件，使第24条几乎成为各类损害救济的兜底性条款。这种宽泛的适用成为该条滥用的原因之一，从根本上破坏了法律的分类基础，忽视了侵权法救济的有限性。因此，应当对其进行合理限缩。但将行为人限缩解释为致害行为人并不妥当，应另寻途径限缩。[1] 司法适用中，“行为人”的范围被扩展至行为与损害事件有关联的各种情况。相应地，“对损害的发生”的适用也很宽松，无须侵权责任因果关系的严格限定，只需有某种事实关联即可。在这两个前提性规范事项没有合理限定的情况下，该条的适用就成了只要有损害的发生并能牵扯上某种事实关联，就可以根据“实际情况”确定双方分担损失。这往往

〔1〕 窦海阳：《侵权法中公平分担损失规则的司法适用》，载《法商研究》2016年第5期，第130页。

会导致人民法院基于方便人情等考虑从宽适用此条款。于是，在实践中出现了很多不应适用该条甚至不应由侵权法调整的案件也滥用该条的情况，在这些情况下，第 24 条已然沦为法官“和稀泥”的工具。第 24 条在实践中真正面临的问题在于划定其适用的边界，这个边界主要基于“行为人”和“对损害的发生”的妥当内涵。因此，需要在理论解释中解决这两个症结。[1] 笔者认为，行为人应包括具体实施行为之人；也包括替代行为人承担责任的替代责任人，如用人单位等；还包括消极不作为之人，如场所管理人，在安全保障义务责任纠纷中，其有积极作为义务，如未作为则应承担不作为侵权责任，此处不作为即为管理人之行为。限缩行为人的范围并无实际意义，因为大多数纠纷中并无致害行为人；即使有行为人，因其行为往往与受害人损害之间无法律上因果关系，所以此行为人并非学者限定之行为人。

3. 行为与损失具有事实上的因果关系

对于损害的发生，从判决情况来看，人民法院关于对损害的发生的态度也采取了较之一般侵权责任因果关系更宽松的标准，不要求行为与损害之间存在严格的因果关系，只需行为人与损害事件在事实上存在某种关联即可。然而，事实关联型标准极具模糊性，其表述的主要内容——“事实上的关联”在法律上无可循的衡量条件，在很多个案中完全是由法官根据社会

---

〔1〕 窦海阳：《侵权法中公平分担损失规则的司法适用》，载《法商研究》2016 年第 5 期，第 132 页。

经验甚至是个人感觉进行自由裁断，以至于在有些案件中的评判显得过于随意，只要行为人与损害后果有时间或地点上的联系，就会被纳入“对损害的发生”的范围。这种宽松的认定标准与行为人的宽泛范围相一致，共同导致了第 24 条的滥用。因此，仅以含糊的“事实上的关联”作为判断对损害的发生的标准并不合适，还应另寻标准予以妥当限定。[1]

前文已述，行为人的行为与受害人的损失具有或可能具有事实上的因果关系（高空坠物案件之中，行为人的行为与受害人的损失可能具有事实上的因果关系）。事实上的因果关系是损失分担规则确立的基础，类比于归责原则而言，此处的归责事由即在于此。只有如此，行为人才有被牵入纠纷的可能性，否则，对于行为人过错难以证明的就适用损失分担规则，显然对行为人的行为自由不利。就像有学者表述的：“行为人客观上造成了受害人的损害。即必须有损害事实的客观存在，且该损害与行为人的行为直接相关。否则，行为人不应当与受害人分担损失。”[2]

4. 行为与损失不具有法律上的因果关系

“公平分担适用于行为人和受害人对损害的发生均无过错的情况。如果损害由受害人过错造成，应当由其自己负责；如果由行为人或者第三人过错造成，应当由行为人或者第三人负责；

〔1〕 窦海阳：《侵权法中公平分担损失规则的司法适用》，载《法商研究》2016 年第 5 期，第 130 页。

〔2〕 田土城：《论“损失分担”的性质和适用——以〈侵权责任法〉第 24 条为例》，载《中州学刊》2013 年第 12 期，第 65 页。

如果行为人和受害人对损害的发生都有过错，应当根据他们的过错程度和原因力分配责任。也就是说，主要有过错责任人，都不适用本条规定。”[1]

损失分担规则要求行为与损失具有事实上的因果关系，但不能具有法律上的因果关系，即：按照损害赔偿理论，此处不构成侵权责任是因为此处具有阻却行为违法性的事由。比如，见义勇为情形下受益人补偿义务案件中，受益人不具有侵权过错或者行为危险性；自然原因下，紧急避险人避险行为正当合理亦合法；无民事行为能力人和限制民事行为能力人不具有或限制了民事行为能力，其民事责任能力也就不具有；完全民事行为能力人对自己的行为暂时没有意识或者失去控制而造成他人损害，行为人是没有过错的；从建筑物中抛掷物品或者从建筑物上坠落的物品造成他人损害，本属于普通侵权案件，但是受害人难以证明具体侵权人，真正侵权人虽然具有法律上的因果关系，但是其他分担损失人的行为与受害人的损失并不具有法律上的因果关系。

5. 双方当事人均无过错

一种观点认为，条文中强调行为人与受害人都没有过错，然而在实践中，对于行为人与受害人都有过错，受害人有过错或行为人、第三人有过错的情况，多地人民法院仍依据该条予以判定。很多法官在一方或双方存在过错的情况下滥用了该条，

---

[1] 全国人大常委会法制工作委员会民法室编：《中华人民共和国侵权责任法条文说明、立法理由及相关规定》，北京大学出版社2010年版，第92页。

明显违背其适用前提。对此明显的错误较容易矫正，只需辨明是否存在过错，如存在即予排除适用即可。[1] 如果损害由受害人过错造成，应当由其自己负责。只要有过错责任人，都不适用本条规定。[2]

另一种观点认为，单从条文字义分析，行为人没有过错，但受害人有过错，不管其过错程度，公平责任都不再适用。笔者认为这样的理解还有斟酌的余地。如果受害人对损害的发生只有轻微的过失但损害又极其严重的情形下，在满足其他适用条件时，似乎也有分担其损失的必要。[3]

通过对司法实践的考察，我们应当适当扩大解释第24条，如果行为人没有过错，受害人仅具有一般过错，也可以适用第24条。因为实践中存在着大量这样的纠纷适用该条，对于有些纠纷，法院并未论证受害人是否具有过错，但从证据和一般社会常识也能判断受害人具有一般过失。如果此种情形完全排除，那么第24条的适用空间将会被大大限缩。

（三）第24条分担的考量因素

在厘清损失分担规则的确立因素之后，我们还需要厘清分

---

〔1〕 窦海阳：《侵权法中公平分担损失规则的司法适用》，载《法商研究》2016年第5期，第128、130页。

〔2〕 全国人大常委会法制工作委员会民法室编：《中华人民共和国侵权责任法条文说明、立法理由及相关规定》，北京大学出版社2010年版，第92页。

〔3〕 胡伟强：《〈侵权责任法〉》中公平责任的适用——一个法经济学的解释》，载《清华法学》2010年第5期，第103页。

担的因素。正如前文所提及的，损失分担规则着重考虑的是当事人的资财，损失分担规则分担的考量因素包括两个方面：一是受害人的损失程度，二是双方当事人的财产状况。“①损害程度。损害程度直接决定当事人分担的必要性和分担方式。在基于公平责任分担损失的情况下，双方当事人对损害的发生均无过错，而一方遭受的损失是较严重的，那么全由受害人自己承担损失就是不公平的。因此，公平责任的适用应限制在‘损失重大’的案件。②财产状况（分担能力）。当事人的经济状况包括当事人的经济收入、必要的经济支出和应对家庭和社会所承担的经济负担。考虑经济状况时应考虑当事人双方的经济状况。”〔1〕

实际情况的确定，应当考虑行为的手段、情节、损失大小、影响程度、双方当事人的经济状况等实际情况，达到公平合理、及时化解矛盾、妥善解决纠纷、促进社会和谐的目的。〔2〕

构成“实际情况”的归责因素包括但不限于：利益获取、风险的开启与维持、风险控制的可能性、损害分散的可能性、合理信赖、受害人自我保护可能性等。首先，利益与风险同在的思想直接影响着损害的分配，在行为人虽无过错但却从致害活动中获益的场合，分担一定损失将成为获利的成本之一。其次，风险的开启与维持、风险控制的可能性也是重要的归责因

〔1〕 王利明：《侵权责任法研究》（上卷），中国人民大学出版社2016年版，第299、301页。

〔2〕 全国人大常委会法制工作委员会民法室编：《中华人民共和国侵权责任法条文说明、立法理由及相关规定》，北京大学出版社2010年版，第92页。

素。最后，在现代高风险社会损害承担社会化趋势之下，损害分散的可能性受到了越来越多的重视，损害分散可能性已成为重要的风险分配因素。此外，受害人方面的一些因素也直接影响损害的分配。首先，受害人对所处领域安全性的合理信赖，是影响风险分配的因素之一。其次，受害人自我保护可能性的大小，同样影响风险的分配。“实际情况”所可容纳的考量包括但不限于上述因素，前文所述的影响因素并不构成一种封闭的框架，“实际情况”具有一种开放、动态的构造。个案中会有不同的因素介入，并且各项因素往往以不同的强度出现。这样，就需要法官综合考量各因素的权重来得出结论。[1] 尽管“根据实际情况由双方分担损失”在法条表述上显得很模糊，但是诉讼参与主体在司法程序中的具体行为弥补了实体法含糊规定的缺陷，使得在个案中其确定并非如学者所假设的那样恣意，在司法适用中的困难程度及妥当程度也没有如学者所担忧的那样严重。由此可见，就个案适用而言，对“实际情况”做过于繁复的理论阐述的意义并不大。[2] 笔者认为实际情况的判断并非理论界的难题，《民法通则》颁行以来，我国司法实践形成了一定的判断规律，我们所能做的就是归纳总结实践中考虑了哪些实际情况，从而便于未来的司法裁判。

---

〔1〕 叶金强：《〈侵权责任法〉第 24 条的解释论》，载《清华法学》2011 年第 5 期，第 39 -40 页。

〔2〕 窦海阳：《侵权法中公平分担损失规则的司法适用》，载《法商研究》2016 年第 5 期，第 131 页。

（四）第24条的适用方法

第24条在司法中以如下方式适用方为妥当：其一，确定损害的存在，并确定行为人和受害人对损害的发生都没有过错，同时也不属于法律规定的无过错责任情况。其二，判定行为人的行为与受害人的损害之间是否存在法律意义上的因果关系。如果存在，那么原则上可以适用第24条；如果仅存在某种事实关联，那么原则上不适用该条，除非行为人的行为的确开启或维持了一定的风险，使得受害人遭遇损害事件的概率增大。其三，判定案件事实是否有具体的条款可以适用，即考察其是否属于紧急避险、见义勇为等在《侵权责任法》以及相关司法解释中有具体规则。如果存在具体规则，则不予适用该条；如果没有具体规则，则进一步考虑要求其分担受害人损失是否会损害法律保护其他的基本价值，如果可能造成破坏，则不予判定。其四，在完成上述确定和排除之后，根据经济状况、损害严重程度、社会稳定等“实际情况”，综合考虑是否适用该条。其中相关的影响因素由双方举证，由法官最终考量。其五，当确定适用该条分担损失之后，再根据“实际情况”确定双方最终分担的额度。[1]

《侵权责任法》第24条适用的步骤（四步走）：

---

〔1〕 窦海阳：《侵权法中公平分担损失规则的司法适用》，载《法商研究》2016年第5期，第136页。

第一步：判断行为人是否有过错

先适用过错责任、法律明定的过错推定责任、无过错责任。如果过错责任中，原告方未证明被告方有过错；过错推定责任中，被告方证明自己无过错；无过错责任中，原告无证据证明自己的损害与被告的行为之间存在因果关系或者被告方证明免责事由的存在。此时，方能考虑下一步，是否适用公平责任原则。

第二步：判断受害人是否有过错

适用公平责任原则的前提要件是双方当事人对损害的发生均无过错，步骤一只是判定行为人无过错，此步用来判断受害人对损害的发生是否有过错。如果受害人有过错，则不满足公平责任原则的前提要件；如果受害人也没有过错，方能考虑下一步，是否存在适用公平责任原则的事由。

第三步：判断本案是否存在适用公平责任原则的事由

如果不存在，则不可以适用；如果存在，方能考虑如何分担损失。而判断具体案件中适用公平责任原则的具体事由则应由法官依其法律知识和生活常识作出具体判断，立法和理论研究只能为其提供考量的因素。不同法官关于某一因素是否是适用事由的判断很可能是不同的，如果当一审法院法官和二审法院法官关于某一因素是否是适用事由的认识不同时，我们不能据此轻易认定一审法院的判决属于错案。

第四步：确定分担损失的比例

在适用公平责任原则的构成要件均已具备的情形下，我们最后需要确定分担损失的比例。因为被告无过错、其行为与原告损害之间往往没有因果关系、《侵权责任法》第 24 条更多的是从人道主义角度由被告适当补偿原告，所以，在确定比例时不宜使被告分担较大比例的损失。

综上，《侵权责任法》第 24 条规定的不是公平责任原则，而是损失分担规则，其不能适用于过错责任原则的案件和无过错责任的案件，即其不能适用侵权赔偿责任的案件，而是不存在侵权责任的补偿规则。据此，受益人补偿义务也应纳入损失分担规则。损失分担规则的制度价值和理念是公平正义，但是补偿的主要事由是行为人的行为与受害人的损失之间具有事实因果关系，只有如此，行为人才与受害人有了关联性，也才能够被牵入损失分担之中。损失分担规则以法律特别规定为准，《侵权责任法》中的损失分担规则主要有：《侵权责任法》第 23 条，见义勇为情形下受益人补偿义务；第 31 条，自然原因引起危险的情形下，紧急避险人适当补偿受害人；第 32 条第 2 款，有财产的无民事行为能力人、限制民事行为能力人造成他人损害的，从本人财产中支付赔偿费用；第 33 条第 1 款，完全民事行为能力人对自己的行为暂时没有意识或者失去控制造成他人损害而没有过错的情形下，需要对受害人适当补偿；第 87 条，从建筑物中抛掷物品或者从建筑物上坠落的物品造成他人损害，难以确定具体侵权人的，由可能加害的建筑物使用人给予补偿。司法实践中，往往大量适用《侵权责任法》第 24 条作为裁判依据的案件都不是以上这些情形，由此可见，第 24 条有被扩大适用的嫌疑，而这种扩大适用可能仅仅是基于裁判者的公平理念而作出的，这忽略了损失分担规则的适用条件：法律特别规定的具体案型、行为与损失具有事实上的因果关系、行为与损失不具有法律上的因果关系。损失分担规则分担的考量因素包括受害人的受损程度和双方当事人的财产状况。《侵权责任法》第 24 条适用的步骤（四步走）：第一步，判断行为人是否有过错；第二步，判断受害人是否有过错；第三步，判断本案是否存在适用公平责任原则的事由；第四步，确定分担损失的比例。

第二章 医疗损害责任纠纷适用《侵权责任法》第24条实证研究

本章提要：司法实践中，《侵权责任法》第24条能否适用、如何适用于医疗损害责任纠纷均存在争议。从受害人救济角度而言，该条在医疗损害责任纠纷中的适用有其必要性和可能性。经过笔者不完全收集，实践中有29则医疗损害责任纠纷适用第24条，这29则案例存在三种不同的判决现象：一是一审和二审法院均适用第24条，这样的案例有12则；二是一审法院适用过错责任原则，二审法院适用第24条，这样的案例有7则；三是一审法院适用第24条，二审法院适用过错责任原则，这样的案例有10则。一审、二审均适用第24条的案例中，12则案例在适用公平分担损失规则时或多或少采取了以下步骤：①认定本案不构成医疗损害责任；②判断受害人行为是否存在过错；③考量"实际情况"，案例中体现出的具体事由有：人身损害事由、财产事由、精神损害事由、医疗行为存在不足事由、人道主义事由。对一审公平分担损失规则、二审过错责任案例的观察中，有些案例二审法院的改判符合医疗损害责任过错归责的本质，有些案例则并不能适用医疗损害责任。医疗损害责任纠纷可以适用第 24 条的情况有：①医疗损害责任纠纷中可以适用第 24 条，由医疗机构与患者方公平分担患者方的损失；②当法院确定医疗机构存在医疗过错，且该过错与受害人损害之间存在因果关系，此时应当适用医疗损害责任分担损失，前述案例中部分二审法院对于一审法院适用第 24 条的改判符合该医疗损害责任构成要件之要求；③如果纠纷中医疗机构仅仅存在医疗不足而并非医疗过错，此时不宜将此不足认定为医疗过错，按照第 24 条处理本纠纷较为恰当。公平分担损失规则适用于医疗损害责任纠纷的步骤和方法可以细化为以下四步：①判断是否构成医疗损害责任；②判断受害人是否存在过错；③分析本案的实际情况；④确定分担损失的比例。

本章以中国裁判文书网上 29 则适用第 24 条作为医疗损害责任纠纷裁判依据的案例作为研究对象。[1] 经过笔者观察总结，这 29 则案例存在三种不同的判决现象：一是一审和二审法院均适用第 24 条，这样的案例有 12 则；二是一审法院适用过错责任原则，二审法院适用第 24 条，这样的案例有 7 则；三是一审法院适用第 24 条，二审法院适用过错责任原则，这样的案例有 10

---

〔1〕 截至 2017 年 7 月 18 日，笔者在中国裁判文书网以“《侵权责任法》第 24 条”作为关键词搜索案件，显示 2455 个结果，笔者选取判决书作为本书的研究文本，结果为 2132 个。笔者再从这些结果中排查医疗损害责任纠纷，最后显示 55 个医疗损害责任纠纷中出现《侵权责任法》第 24 条。经过笔者比较阅读，经过一审和二审的案例更具有研究的价值，最后 29 则纠纷进入本书的研究视野。笔者相信司法实践中必然存在更为多数的医疗损害责任纠纷适用该条规则，但详细研究这 29 则案例，也能发现其中存在的一些必然和偶然。

则。从结果来看，有19则案例终审适用第24条作为裁判依据，比重较大，而适用过错责任的比重较小；有17则案例的一审法院和二审法院在是否适用第24条问题上存在不同认识，这个结果占据笔者检索结果的一大半。基于这种不同认识，本文有必要厘清第24条在医疗损害责任纠纷中的适用问题：①第24条能否适用于医疗损害责任纠纷之中？②如果可以适用，又该如何恰当地将第24条融入一个个鲜活的纠纷案例之中？

一、第24条适用于医疗损害责任纠纷实证分析

（一）一审、二审均适用第24条的案例观察与要旨分析

在笔者搜集的案例中，有12则纠纷的一审法院和二审法院均按照公平分担损失规则处理当事人之间的纠纷，即裁判依据援引了《侵权责任法》第24条。[1] 这12则案例在适用公平分担损失规则时或多或少采取了以下步骤：

1. 认定本案不构成医疗损害责任

第一步，需要判断本案是否构成医疗损害责任，即本案是否满足《侵权责任法》第54条等条款。如果满足，则按照医疗损害责任处理；如果不满足，亦即本案不构成医疗损害责任，那就表明被告医疗机构不承担侵权责任。司法实践中，原告方

---

〔1〕 因二审法院均为驳回上诉，维持原判，所以本部分内容重点整理了一审法院适用第24条的逻辑思维和具体事由，即该条“实际情况”的认定，有些案例引用了二审法院的意见。

往往不能证明医疗机构存在过错或损害与医疗行为之间存在因果关系，其医疗损害责任主张不能为法院所支持。往往无过错和无因果关系是统一的，法院在认定医疗机构没有过错的同时也会认定医疗行为与损害后果之间没有因果关系，例如刘素芹案、刘雅生案、石凤琼案、董桂解案、纪秀敏案、朱宗雯案〔1〕。法院认为，刘素芹案中原告没有证据证明被告存在医疗过错，刘雅生案中呼伦贝尔市第二人民医院无医疗过错，石凤琼案中依靠现行的法律规定或者已知事实和日常生活经验法则无法推定出，被告存在医疗过错及陈国辉的死亡与被告的诊疗行为之间有因果关系，董桂解案中无证据证明原告的损害系因输血行为所致，即被告行为无过错以及被告行为与原告损害之间无因果关系，纪秀敏案中患者杨新民的死亡系由本身疾病造成，与市一院的诊疗行为无因果关系，朱宗雯案中原告感染丙肝病毒与马鞍山市妇幼保健院、马鞍山市中心医院的医疗行为无直接的因果关系。法院认定医疗机构是否需要承担医疗损害责任的实质即判断医疗机构的行为是否存在过错，当然这种过错是促成损害的过错，与损害具有因果关系的过错，而不是一般的医疗不足或者其他与损害后果无因果关系的过错。只有在本案不构

〔1〕 裁判文书依次是：河南省新乡市中级人民法院民事判决书（2016）豫07民终4662号，内蒙古自治区呼伦贝尔市中级人民法院民事判决书（2016）内07民终603号，广西壮族自治区桂林市中级人民法院民事判决书（2016）桂03民终1898号，江苏省徐州市中级人民法院民事判决书（2016）苏03民终4226号，江苏省连云港市中级人民法院民事判决书（2014）连民终字第0537号，安徽省马鞍山市中级人民法院民事判决书（2017）皖05民终259号。

成医疗损害责任时，才有适用第24条的空间。

2. 判断受害人行为是否存在过错

第二步，需要考虑受害人的行为是否有过错，如果受害人行为有过错，例如第60条第1款第1项规定的，患者或者其近亲属不配合医疗机构进行符合诊疗规范的诊疗；抑或患者有自杀行为。此时不应当适用公平分担损失规则，因为不满足公平分担损失规则要件之一——受害人无过错。往往医疗损害中不存在受害人过错，而存在受害人特殊体质，但这不等于受害人过错。例如，刘雅生案、纪秀敏案中[1]，法院认定刘雅生患子宫颈鳞状细胞癌是其自身疾病，患者杨新民的死亡系由本身疾病造成，这两则纠纷法院均援引第24条裁判。

3. 考量"实际情况"

第三步，需要考量本案适用第24条的"实际情况"，这是法院适用第24条最为核心的要件。司法实践中，一般认为适用第24条公平分担损失需要考量的因素包括行为的手段、情节、损失大小、影响程度、双方当事人的经济状况等实际情况。[2]理论上认为构成"实际情况"的归责因素包括但不限于：利益获取、风险的开启与维持、风险控制的可能性、损害分散的可

〔1〕 裁判文书是：内蒙古自治区呼伦贝尔市中级人民法院民事判决书（2016）内07民终603号，江苏省连云港市中级人民法院民事判决书（2014）连民终字第0537号。

〔2〕 全国人大常委会法制工作委员员会民法室编：《中华人民共和国侵权责任法条文说明、立法理由及相关规定》，北京大学出版社2010年版，第92页。

能性、合理信赖、受害人自我保护可能性等。[1] 将这些因素与医疗损害责任相结合，通过案例整理，我们发现医疗损害责任纠纷中的实际情况包括患者方的实际情况、医疗机构方的实际情况，双方的实际情况以及社会的实际情况。这些实际情况反映了适用公平分担损失规则的具体事由。案例中体现出的具体事由有：人身损害事由、财产事由、精神损害事由、医疗行为存在不足事由、人道主义事由。这四种实际情况和五种具体事由结合就是上述 12 则案例给我们呈现出来的实际情况的考量，需要说明的是，司法实践中考量这些实际情况并非单一独立的，往往是多项的结合。

（1）患者实际情况：①患者遭受人身损害。张传江案和张素琴案中[2]，患者分别感染 HIV 和身患残疾。②患者遭受财产损害。主要包括两种情形，一种情形是患者已经支付大量医疗费用，另一种情形是患者的劳动能力受到一定程度影响。董桂解案、纪秀敏案、张传江案、朱宗雯案中[3]，法院认为，董桂解自确诊感染丙肝后至今已进行了多次、长时间的治疗，支出了大量的医疗费用，劳动能力及精神等方面均受到一定程度的

---

〔1〕 叶金强：《〈侵权责任法〉第 24 条的解释论》，载《清华法学》2011 年第 5 期，第 39 页。

〔2〕 裁判文书是：江苏省徐州市中级人民法院民事判决书（2016）苏 03 民终 4242 号，江苏省泰州市中级人民法院民事判决书（2015）泰中民终字第 00578 号。

〔3〕 裁判文书依次是：江苏省徐州市中级人民法院民事判决书（2016）苏 03 民终 4226 号，江苏省连云港市中级人民法院民事判决书（2014）连民终字第 0537 号，江苏省徐州市中级人民法院民事判决书（2016）苏 03 民终 4242 号，安徽省马鞍山市中级人民法院民事判决书（2017）皖 05 民终 259 号。

影响；纪秀敏案中法院依据法律规定可以根据损害事实、双方的财产情况及支付能力等实际情况，由双方分担损失；张传江家庭不仅需要为张传江治疗 HIV 支付医疗费用，也需要投入人力物力对其护理和呵护；朱宗雯的主要损失包括医疗费和鉴定费，由双方分担为宜。③患者或其近亲属遭受精神损害。关于精神损害有两种情形：一种是受害人已死亡，该事实给原告方造成了极大的精神伤害，施应钦案、唐祖元案、张传江案中[1]，法院认为，迟娟的死亡给其父母、孩子、丈夫造成了一定的精神损害；新生儿死亡给原告家庭成员造成极大的精神损害；患者感染 HIV，不仅给张传江本人的身体带来伤害，也给其本人及亲属带来了巨大的精神伤害。另一种是患者因自身伤害遭受了巨大的精神损害，董桂解案[2]中，法院认为患者已经确诊感染丙型病毒性肝炎，必然对其造成巨大的精神痛苦。

（2）医疗机构实际情况：①被告于原告处受有利益。张传江案[3]中，法院认为，诊疗过程中受害人输入了徐州市红十字血液中心有偿提供的血液制品。②医疗机构医疗行为虽无过错但存在不足。法院认为，施应钦案中，被告在为迟娟提供的诊疗活动中存在问题，如病史采集不完整、术前告知不完善、术后病情变化观察分析存在不足等；刘素芹案中，被告张立建在

---

〔1〕 裁判文书是：云南省楚雄彝族自治州中级人民法院民事判决书（2016）云 23 民终 542 号，湖南省郴州市中级人民法院民事判决书（2013）郴民一终字第 440 号，江苏省徐州市中级人民法院民事判决书（2016）苏 03 民终 4242 号。

〔2〕 江苏省徐州市中级人民法院民事判决书（2016）苏 03 民终 4226 号。

〔3〕 江苏省徐州市中级人民法院民事判决书（2016）苏 03 民终 4242 号。

为患者输第三瓶液体时离开现场，没有严格按照医疗行为规范进行诊疗活动，对病情诊断缺乏相应的能力，诊疗活动存在瑕疵；刘雅生案中，呼伦贝尔市第二人民医院对药物滴注浓度存在未尽必要注意义务，存在医疗不足；唐祖元案中，被告存在医疗不足，病历书写不规范、有部分地方存在矛盾，未完全尽到告知义务，医疗人员的执业地点有瑕疵等；杨常伟案中，渑池县中医院对郭晓红产后出血的预防措施存在不足；纪秀敏案中，被告存在沟通告知不到位、对危急值未投以重视而未及时复查、下肢止血条未能及时去除、先后使用三种抗生素且更换不合理、病程记录不规范等过错诊疗行为；张斗财案中，被告存在会诊方面不足，在病情告知和应用激素治疗方面存在缺陷；张素琴案中，被告存在怠于提示原告张素琴及时检查的情形，显然对张素琴及时有效治疗康复产生了不利影响。[1] 可见，医疗机构行为虽无过错但存在不足的事由在实践中出现频率较高，这也反映了法院对此行为的负面评价。

（3）双方实际情况：医患双方实际情况主要体现在原被告双方当事人财产状况的对比。大多数学者认为第 24 条的理据在

---

〔1〕 裁判文书依次是：云南省楚雄彝族自治州中级人民法院民事判决书（2016）云 23 民终 542 号，河南省新乡市中级人民法院民事判决书（2016）豫 07 民终 4662 号，内蒙古自治区呼伦贝尔市中级人民法院民事判决书（2016）内 07 民终 603 号，湖南省郴州市中级人民法院民事判决书（2013）郴民一终字第 440 号，河南省三门峡市中级人民法院民事判决书（2015）三民终字第 956 号，江苏省连云港市中级人民法院民事判决书（2014）连民终字第 0537 号，北京市第一中级人民法院民事判决书（2016）京 01 民终 3049 号，江苏省泰州市中级人民法院民事判决书（2015）泰中民终字第 00578 号。

于劫富济贫，在于富人对穷人的补偿，所以许多学者认为该条的适用须以当事人经济状况的显著差异为要件。在适用第24条时，不仅要考虑加害人而且要考虑受害人的经济状况。利用社会合作较多的富人对利用社会合作较少的穷人进行补偿是必要的。而在意外事故的当事人对损害的发生均无过错时，致害人对受害人损失的分担正是富人对穷人进行补偿的具体形式。[1]纪秀敏案、张素琴案[2]中，法院考虑的实际因素包括双方的财产情况及支付能力等实际情况。这两则案例只是较为明确地表达出此种因素对司法实践的影响。在笔者观察案例范围内，几乎所有法院在适用第24条时均考虑了医疗机构和患者财产情况的对比。

(4) 社会实际情况：社会实际情况主要体现在人道主义方面。石凤琼案[3]中，法院认为，根据本案的实际情况，从人道主义出发，酌情由被告给予死者陈国辉相应补偿。人道主义是社会主义善良风俗的要求，是社会正能量的体现。所以法院在考虑受害人损害、双方当事人财产情况对比之后，结合人道主义，给予原告适当补偿。

---

〔1〕 高留志：《〈侵权责任法〉第24条的理论操纵及其还原》，载《河南财经政法大学学报》2013年第5期，第105－106页。

〔2〕 裁判文书是：江苏省连云港市中级人民法院民事判决书（2014）连民终字第0537号，江苏省泰州市中级人民法院民事判决书（2015）泰中民终字第00578号。

〔3〕 广西壮族自治区桂林市中级人民法院民事判决书（2016）桂03民终1898号。

（二）一审过错责任、二审公平分担损失规则案例观察与要旨分析

笔者搜集的案例中，一审适用过错责任，二审适用公平分担损失规则的案例有7例。[1] 一审法院的裁判思维是单一的过错责任：责任成立方面，法院认为原告患者一方未能证明被告医疗机构存在过错，当然也未能证明被告的行为与原告的损害之间存在因果关系；责任承担方面，基于一般过错责任中过错与否的判断，法院认为无过错的医疗机构不应当承担赔偿责任。例如，法院认为，李荣贞案中无法确定李荣贞所称病症与新乡市第一人民医院医疗行为之间有无因果关系；刘会平案中，原告刘会平未能证明被告具有过错，应当承担举证不能的法律后果；倪垚霏案中，医方在术前履行了相应的告知及准备行为，对患者采取剖腹探查术符合行业规范，不存在医疗过错；谢厚运案中，蒙山县中医院在对谢厚运患病的诊断治疗过程中，不存在过错行为；徐永文案中，原告未能提交患者向志珍需住院治疗的相关证据，未能证明医疗机构存在过错。[2] 从判决文书中我们并不能直接看出一审法院对第24条的态度，可能的推测

---

〔1〕 这7例又区分两种情形：一种是一审适用过错责任认为被告医疗机构有过错，适用过错赔偿；另一种是一审适用过错责任认为被告医疗机构没有过错，无需赔偿，驳回原告诉讼请求。前者有2例，后者有5例。

〔2〕 裁判文书依次是：河南省新乡市中级人民法院民事判决书（2014）新中民一终字第700号，河南省新乡市中级人民法院民事判决书（2016）豫07民终3825号，贵州省贵阳市中级人民法院民事判决书（2016）黔01民终2308号，广西壮族自治区梧州市中级人民法院民事判决书（2015）梧民三终字第103号，湖北省荆州市中级人民法院民事判决书（2014）鄂荆州中民二终字第00361号。

有二：一是一审法院的逻辑思维遵循了《侵权责任法》第 54 条的要求，但并未注意到该法第 24 条的要求，在双方当事人均无过错的情形下，还应当考虑本案的实际情况，决定是否由双方分担损失；二是法院已经注意到第 24 条但认为本案不应适用该条。

二审法院均认为应当考虑公平分担损失，具体事由有：①患者遭受身体伤害和经济损失。二审法院认为，李荣贞案中，李荣贞在新乡市第一人民医院拔牙后出现了舌腹部不适等症状，为此患者李荣贞先后到多家医院就诊，造成一定的损失，新乡市第一人民医院可给予患者李荣贞适当补偿；倪垚霏案中，倪垚霏术后消化功能受一定影响，与腹腔内脏粘连有一定关系，属术后并发症；陶某 1 案中，患者陶某 1 在术后确有各种身体不适，导致生活质量有所下降。[1] ②医疗机构于患者处受有利益。刘会平案[2]中，二审法院认为，患者死亡前两日在卫生服务站就诊，被告受有利益，卫生服务站可给予上诉人适当补偿。③医疗机构的医疗行为存在不足。谢厚运案中，二审法院认为，医疗机构术中与患者家属沟通、告知存在不足，患者遭受了一定的损失；夏六香案中，医院在诊疗过程中存在未能在接诊后

---

〔1〕 裁判文书依次是：河南省新乡市中级人民法院民事判决书（2014）新中民一终字第 700 号，贵州省贵阳市中级人民法院民事判决书（2016）黔 01 民终 2308 号，云南省文山壮族苗族自治州中级人民法院民事判决书（2016）云 26 民终 689 号。

〔2〕 判决文书是：河南省新乡市中级人民法院民事判决书（2016）豫 07 民终 3825 号。

进一步辅助检查，有助于进一步的鉴别诊断等不足。[1] ④患者死亡与医疗机构存在一定的关联性。徐永文案[2]中，二审法院认为，荆州市第一人民医院的医疗过失虽然与向志珍的死亡后果没有因果关系，但与医患纠纷存在一定关联性。

（三）一审公平分担损失规则、二审过错责任案例观察与要旨分析

笔者搜集的案例中，一审适用公平分担损失规则，二审适用过错责任的案例有10例。[3] 对于这10则案例，笔者认为改判给我们带来两点启示。

第一，有些案例二审法院的改判符合医疗损害责任过错归责的本质。例如，二审法院认为，周春英案中，根据该鉴定意见，足以推定周春英在住院期间所输血液提供者即上诉人衡阳血站提供的血液不合格、所输人血白蛋白销售者即上诉人国药湖南公司提供的血制品存在缺陷、医疗机构即上诉人解放军一六九医院的医疗行为存在过错，且均与周春英感染丙肝的损害后果存在因果关系；闫峰案中，五四一医院在该期间未进行经

〔1〕 裁判文书是：广西壮族自治区梧州市中级人民法院民事判决书（2015）梧民三终字第103号，福建省三明市中级人民法院民事判决书（2014）三民终字第146号。

〔2〕 裁判文书是：湖北省荆州市中级人民法院民事判决书（2014）鄂荆州中民二终字第00361号。

〔3〕 这10例又区分两种情形：一种是二审适用过错责任认为被告医疗机构有过错，适用过错赔偿；另一种是二审适用过错责任认为被告医疗机构没有过错，无需赔偿，驳回原告诉讼请求。前者有8例，后者有2例。

血传播疾病标志物检查，不符合诊疗规范，医院在对患者诊疗过程中存在医疗过错，且具有存在医院血液透析过程中感染丙肝的高度可能性，所以，五四一医院的医务人员在对闫峰的诊疗活动中，未尽到诊疗义务；张百俭案中，安宁分院的诊疗行为存在不符合规范之情形，表现在1988年其对范余香行剖腹探查术未履行将患者腹腔内遗留纱布的实情告知患者及家属的义务，侵犯了患者及家属的知情权，给患者带来贻误诊治、四处投医等不良后果，具有过错，在本案中陆军总院对其诊疗行为后果承担相应的赔偿责任。[1] 这些过错认定属于事实认定，认定结果均较为合理，符合医疗损害责任之本质要求。

第二，有些案例则并不能适用医疗损害责任。这又区分为两种情形：一种是不存在医疗过失；另一种是因果关系缺失。因此二审法院对于这些案例的改判法律效果并不好，主要有曹锦霞案、曹运亭案、刘其见案、于某某案、甄昌炳案。[2] ①曹锦霞案中，法院认为，资兴市中医院的医务人员未向曹锦霞告知其肾功能受损情况，存在漏诊且侵犯了曹锦霞的知情权，且被告病历书写不规范，存在一定程度的过错，但是资兴市中医

---

〔1〕 裁判文书依次是：湖南省衡阳市中级人民法院民事判决书（2015）衡中法民四终字第152号，山西省运城市中级人民法院民事判决书（2015）运中民终字第866号，甘肃省兰州市中级人民法院民事判决书（2015）兰民三终字第253号。

〔2〕 裁判文书依次是：湖南省郴州市中级人民法院民事判决书（2015）郴民一终字第452号，河南省漯河市中级人民法院民事判决书（2015）漯民终字第01800号，广东省阳江市中级人民法院民事判决书（2015）阳中法民一终字第260号，云南省西双版纳傣族自治州中级人民法院民事判决书（2013）西民一终字第175号，广东省阳江市中级人民法院民事判决书（2016）粤17民终181号。

院未尽告知义务及漏诊与曹锦霞罹患尿毒症之间无直接因果关系。本案不宜按照过错责任处理，如果被告行为构成过错，就应当承担全部赔偿责任，但本案医疗过错并非患者损害之过错，正如二审法院所言，侵害知情同意权与原告受损之间并无必然因果关系，书写病历不规范与原告受损之间也无因果关系，所以笔者认为本案被告不构成过错，不应适用过错责任判决。②曹运亭案中，法院认为，原告的行为符合《侵权责任法》第 58 条规定的“拒绝提供与纠纷有关的病历资料”的行为，属于医疗过错，根据过错程度，应当承担部分赔偿责任。但“患者曹佳佳死亡并非因为缺失临颍县医院急诊病历资料所致，因此临颍县医院被推定的过错程度应当不高”。既然本案被告拒绝提供与纠纷有关的病历资料不是患者死亡的原因，即两者不存在因果关系，那么该过错又如何成为医疗损害责任的过错？③刘其见案中，法院认为，虽然患者黄洁珍的医案经鉴定不属于医疗事故但阳江市人民医院在诊疗中存在一定的过失行为。二审法院一方面认为本案不属于医疗事故，另一方面又认为本案被告存在一定的过失，该过失构成了过错医疗损害责任，只是比例较小。本判决将医疗事故责任和医疗损害责任隔离，违反了侵权责任的统一性。《侵权责任法》施行以后，医疗过失产生的责任即医疗损害责任，医疗事故仅仅是判断医疗机构过错的一种方法，并非独立于医疗损害责任的一种医疗纠纷。法院认为不属于医疗事故而医疗机构又存在医疗过失是自相矛盾的，本案不宜适用过错责任。④于某某案中，法院认为，被告医院在对被鉴定人于某某提供的诊疗服务中，存在履行告知不足。故被告医院在对于某某提供的诊疗服务中存在过失，于某某提出由傣医院赔偿其因病造成的损失，本院予以支持。但是二审法院认为被告存在告知不足，所以存在过错，应适用过错责任。存有疑问的是，二审法院并没有论证该不足与原告的损害后果之间存在因果关系，笔者也质疑这种因果关系存在的可能性。⑤甄昌炳案中，法院认为，鉴定结论同时指出医方在治疗过程中存在不足，即医方具有一定过错，且其存在的医疗过错可能影响对患者的治疗，结合本案实际情况，医方应对患者死亡承担一定的过错责任。二审法院一方面认为被告存在医疗行为不足，但另一方面这种行为仅仅被法院认定为可能对患者的治疗产生影响，即并无证据证明被告的行为与患者的损害之间存在因果关系，所以本案不宜适用过错责任。

二、第 24 条能否适用于医疗损害责任纠纷

在笔者收集的一审适用公平分担损失规则、二审适用过错责任的案件中，有两则案例拷问着我们的神经：作为过错规则的医疗损害责任中能否适用公平分担损失规则？潘清联案、马玲霞案[1]均给出了否定性答案。潘清联案中，法院认为，根据本案有效证据，可以排除潘清联在案涉三家医疗机构感染××

〔1〕 裁判文书是：浙江省杭州市中级人民法院民事判决书（2013）浙杭民终字第 3054 号，北京市第一中级人民法院民事判决书（2015）一中民终字第 02194 号。

毒的可能，潘清联要求三家医疗机构承担赔偿责任的诉讼主张不能成立，驳回受害方全部诉讼请求。马玲霞案中，马玲霞和二六一医院之间属于医疗服务合同关系，院方在诊疗活动中并无违反医疗常规的行为存在，也不属于为了对方利益或者为了共同利益而使一方受损的情形，同时，根据鉴定结论，马玲霞孕 29 周时发现妊娠，可以行引产终止妊娠。因此，在本案中适用公平分担损失原则不妥当，损害了院方利益，本院予以纠正。马玲霞案中，法院认为我国《侵权责任法》是以过错原则为主、以无过错原则为辅所构建的侵权行为规范体系。公平分担损失原则并非归责原则，显然其适用必须限定在极其有限的范围之内。让行为人依据该条动辄得咎，会损害侵权法的归责原则适用以及人们的行为预期。对于公平分担损失规则，除了法律条文中明确应予“补偿”的，在其他特殊情形中，应该依据当事人之间的利益状态予以衡量，即确定一方是否在为了对方利益或者为了双方共同利益中受到损害。这则案例的说理十分雄浑，它引发的理论问题是：第 24 条能否适用于医疗损害责任纠纷中？第 24 条的适用条件是否包括“为了对方利益或者为了共同利益而受损”？也就是说，第 24 条的适用条件并不限于“受害人和行为人对损害都没有过错”和“实际情况”，还需要加上“为了对方利益或者为了共同利益而受损”这个要件？抑或是，该要件可以被“实际情况”要件解释进去，意即凡符合该要件的实际情况才是本条规定的实际情况，该要件成为其他实际情况的限定词？有学者认为第 24 条的具体适用类型仅限于法律的特别规定，或者将来通过司法解释做出类型化规定；没有法律规定，不能以双方都没有过错为由而适用公平责任。[1] 他们担心该条被滥用。但也有学者认为，第24条具有单独的适用性，该条应当是规则而非原则。[2]

解决上述问题应当从第24条的立法目的和规范意旨入手，这二者又分别指向该条的宏观理念和微观制度。宏观理念而言，第24条的内生价值在于公平与和谐。公平是社会主义法治的原则，侵权责任法必须保证实现社会公平。[3] 有些损害的发生，行为人虽无过错，但毕竟由其引起，如果严格按照无过错即无责任的原则处理，受害人就要自担损失，这不仅有失公平，也不利于和谐人际关系的建立。[4] 公平责任原则是一种利益平衡器，有助于舒缓社会的紧张关系，促进社会和谐。[5] 微观制度而言，第24条的规范意旨在于，基于公平的法律价值考量，受

---

〔1〕 陈本寒、陈英：《公平责任归责原则的再探讨——兼评我国〈侵权责任法〉第24条的理解与适用》，载《法学评论》2012年第2期，第140页。郭明瑞：《关于公平责任的性质及适用》，载《甘肃社会科学》2012年第5期，第99页。张善斌：《公平责任原则适用存在的问题及对策》，载《河北法学》2016年第12期，第48页。

〔2〕 高留志：《〈侵权责任法〉第24条的理论操纵及其还原》，载《河南财经政法大学学报》2013年第5期，第104页。

〔3〕 刘士国等：《侵权责任法重大疑难问题研究》，中国法制出版社2009年版，第15页。

〔4〕 全国人大常委会法制工作委员会民法室编：《中华人民共和国侵权责任法条文说明、立法理由及相关规定》，北京大学出版社2010年版，第91页。

〔5〕 王成：《侵权责任法》，北京大学出版社2014年版，第58页。

害人所遭受的损害确有予以适当救济的必要。[1] 此处“受害人所遭受的损害确有予以适当救济的必要”即第24条所言的“实际情况”，学者一般认为，受害人所受损失是确需救济的必要因素。受害人的损害包括财产损害、人身损害和精神损害，当然，这种损害需要一定的严重程度才需救济，具体的“度”应当由法官自由把握。此外，损害程度还综合考虑其他因素，主要是双方当事人经济状况的对比。如果受害人经济状况明显优于行为人经济状况，学者们认为这里不存在确需适当救济的必要，也就不应当适用第24条。所以，微观层面的受害人救济应当严格限制两项要件，一项是受害人遭受损害的严重性，另一项是受害人和行为人经济状况对比显著差异。所谓公平责任强调的是，应适用过错责任原则时，可不以过错为构成要件而让双方分担损失或分担责任。[2] 可见，第24条可以适用于过错责任之中是学界普遍的观点。医疗损害责任中也正当需求着第24条的衡平，在较多的案件中，医疗机构不存在医疗过错，患者损害往往是由于自身原因造成的，此时如果不给予患者合理的救济，则患者的不幸将不会得到任何分担，这于社会和谐稳定不利。如果此时合理考虑第24条对医疗损害责任纠纷的介入，当行为人与受害人均无过错时，法院只需要考虑实际情况决定是否适用公平分担损失规则。如果还

[1] 何志、侯国跃：《侵权责任纠纷裁判依据新释新解》，人民法院出版社2014年版，第83页。

[2] 郭明瑞：《关于公平责任的性质及适用》，载《甘肃社会科学》2012年第5期，第101页。侯国跃：《中国侵权法立法建议稿及理由》，法律出版社2009年版，第189页。

要求损害因双方利益或者为了对方利益，那么在医疗损害责任纠纷中则无第24条的适用空间，显然这样的结果与第24条的立法目的和制度宗旨是不符的。此外，从文义解释角度而言，第24条的构成要件并不包括利益要件，我们从文义上并不能解释出实际情况需要为了双方共同利益或者为了对方利益。所以，第24条在医疗损害责任纠纷中的适用不需要利益要件，只需要满足两项构成要件：一是受害人和行为人对损害的发生都没有过错，二是本案具有可以适用公平分担损失规则的实际情况。

综合上述案例，我们发现：①医疗损害责任纠纷中可以适用第24条，由医疗机构与患者方公平分担患者方的损失；②当法院确定医疗机构存在医疗过错，且该过错与受害人损害之间存在因果关系，此时应当适用医疗损害责任分担损失，前述案例中部分二审法院对于一审法院适用第24条的改判符合该医疗损害责任构成要件之要求；③如果纠纷中医疗机构仅仅存在医疗不足而并非医疗过错，此时不宜将此不足认定为医疗过错，按照第24条处理本纠纷较为恰当。从29则纠纷来看，医疗损害司法实践中并没有出现学者担忧的滥用第24条现象。[1] 尽管“根据实际情况由双方分担损失”在法条表述上显得很模糊，但是诉讼参与主体在司法程序中的具体行为弥补了实体法含糊规定的缺陷，使得在个案中的确定并非如学者所假设的那样恣意，

---

〔1〕 窦海阳：《侵权法中公平分担损失规则的司法适用》，载《法商研究》2016年第5期，第125页。叶金强：《〈侵权责任法〉第24条的解释论》，载《清华法学》2011年第5期，第41页。高留志：《〈侵权责任法〉第24条的理论操纵及其还原》，载《河南财经政法大学学报》2013年第5期，第104页。

在司法适用中的困难程度及妥当程度也没有如学者所担忧的那样严重。[1]

三、第 24 条如何适用于医疗损害责任纠纷

具体而言，公平分担损失规则适用于医疗损害责任纠纷的步骤和方法可以细化为以下四步：

首先，判断是否构成医疗损害责任。即本案是否满足《侵权责任法》第 54 条等条款，如果满足该条，则适用该条。当然，如果医疗机构的过错程度和对损害后果的原因力较低，在援引第 54 条等条款的前提下可以援引第 26 条，按照过错程度或者原因力大小分担损失。需要强调的是，《侵权责任法》实施以后，医疗损害责任归责原则统一为过错责任原则，所以应当由原告方证明被告方存有过错，否则将承担举证不能的不利后果。在此之后方能考虑下一步，是否适用公平分担损失规则。

其次，判断受害人是否存在过错。适用公平分担损失规则的前提要件是双方当事人对损害的发生均无过错，步骤一只是判定行为人无过错，此步用来判断受害人对损害的发生是否有过错。如果受害人有过错，则不满足公平分担损失规则的前提要件；如果受害人也没有过错，方能考虑下一步，是否存在适用公平分担损失规则的事由。医疗损害责任纠纷如果不满足第 54 条等条款，亦即本案不构成医疗损害责任，那就表明被告医

〔1〕 窦海阳：《侵权法中公平分担损失规则的司法适用》，载《法商研究》2016 年第 5 期，第 131 页。

疗机构无过错，原则上不承担侵权责任。此时应当考虑原告的行为是否无过错，如果原告行为有过错——例如第 60 条第 1 款第 1 项规定的，患者或者其近亲属不配合医疗机构进行符合诊疗规范的诊疗；抑或患者的自杀行为——此时不应当适用公平分担损失规则，因为不满足公平分担损失规则要件之一，即受害人无过错。比较有争议的问题是，受害人一般过失时是否可以按照第 24 条处理。如果严格按照文义解释，结果应当是不可以的。一种观点认为，条文中强调行为人与受害人都没有过错，然而在实践中，对于行为人与受害人都有过错，受害人有过错或行为人、第三人有过错的情况，多地人民法院仍依据该条予以判定。很多法官在一方或双方存在过错的情况下滥用了该条，明显违背其适用前提。对此明显的错误较容易矫正，只需辨明是否存在过错——如存在即予排除适用即可。[1] 如果损害由受害人过错造成，应当由其自己负责。只要有过错责任人，都不适用本条规定。[2] 另一种观点认为，单从条文字义分析，行为人没有过错，但受害人有过错，不管其过错程度，公平责任都不再适用。这样的理解还有斟酌的余地。如果受害人对损害的发生只有轻微的过失，但损害又极其严重的情形下，在满足其

〔1〕 窦海阳：《侵权法中公平分担损失规则的司法适用》，载《法商研究》2016 年第 5 期，第 130 页。

〔2〕 全国人大常委会法制工作委员会民法室编：《中华人民共和国侵权责任法条文说明、立法理由及相关规定》，北京大学出版社 2010 年版，第 92 页。

他适用条件时，似乎也有分担其损失的必要。[1] 通过对司法实践的考察，我们应当适当扩大解释第 24 条，如果行为人没有过错，受害人仅具有一般过错，也可以适用第 24 条。因为实践中除了医疗纠纷之外，还存在着大量的纠纷适用该条，有些纠纷法院并未论证受害人是否具有过错，但从证据和一般社会常识也能判断受害人具有一般过失。如果将此种情形完全排除，那么第 24 条的适用空间将会被大大限缩。

再次，分析本案的实际情况。此即判断本案是否存在适用第 24 条的事由。如果不存在，则不可以适用；如果存在，方能考虑如何分担损失。而判断具体案件中适用第 24 条的具体事由则应由法官依其法律知识和生活常识作出具体判断，立法和理论研究只能为其提供考量的因素。不同法官关于某一因素是否适用事由的判断很可能是不同的，如果一审法院法官和二审法院法官关于某一因素是否适用事由的认识不同，我们不能据此轻易认定一审法院的判决属于错案。具体到医疗损害责任，当法院判定行为人和受害人均无过错时，还需要考虑实际情况，此处的实际情况包括患者方的实际情况、医疗机构方的实际情况、双方的实际情况以及社会的实际情况。这种实际情况反映了适用第 24 条的事由。根据案例观察，此处的事由有：人身损害事由、财产事由、精神损害事由、医疗行为存在不足事由、人道主义事由。两者结合，本书认为医疗损害责任纠纷中的实际情

〔1〕 胡伟强:《〈侵权责任法〉中公平责任的适用——一个法经济学的解释》，载《清华法学》2010 年第 5 期，第 103 页。

况包括：①患者实际情况：a. 患者遭受人身损害；b. 患者遭受财产损害，患者已经支付大量的医疗费用，患者的劳动能力受到一定程度影响；c. 受害人死亡给原告方造成了极大的精神伤害，患者遭受了精神损害。②医疗机构实际情况：a. 被告于原告处受有利益；b. 医疗机构的医疗行为虽无过错但存在不足。③双方实际情况：原被告双方当事人财产状况对比。④社会实际情况：人道主义。

最后，确定分担损失的比例。当适用公平分担损失规则的构成要件均已具备的情形下，我们最后需要确定分担损失的比例。因为被告医疗机构无过错、其行为与原告损害之间往往没有因果关系、《侵权责任法》第 24 条更多是从人道主义角度由被告适当补偿原告，在确定比例时不宜使被告分担较大比例的损失。

第三章 《侵权责任法》第24条适用于违反安全保障义务责任实证研究

本章提要：《侵权责任法》第24条能否适用于违反安全保障义务责任纠纷颇有争议，本章对中国裁判文书网公布的24则违反安全保障义务责任案件适用第24条的裁判文书进行了分析。第24条适用于安全保障义务责任案件主要呈现出以下问题：适用范围有争议、裁判方向不统一、对受害人过错的解释不明确、分担损失标准和范围有差异。为了使第24条正确适用于违反安全保障义务责任案件中，应明确其适用范围仅包括安全保障义务人和受害人对损害的发生都没有过错或是仅受害人有过错的情况，不适用于双方均有过错的情况。在安全保障义务纠纷适用第24条的案件中，受害人因人身遭受损害提起诉讼是常态。第24条规定的是双方当事人均无过错，在判定受害人有无过错时，司法实践中往往对其进行目的性扩张解释。如受害人是无行为能力或者限制行为能力时，其监护人有过错的，会认定为受害人有过错。笔者认为第24条可以适用于违反安全保障义务责任纠纷。违反安全保障义务责任纠纷中，如果被告具有过错，应承担违反安全保障义务的侵权责任，如果受害人对其损失也有过错，应适用第26条与有过失减轻安全保障义务人的责任，不能直接适用第24条。受害人遭受损害与安全保障义务人所管理的场所或是组织的活动具有事实因果关系，无需将安全保障义务人获得利益作为适用第24条的唯一前提条件。我们应将受害人过错扩张解释为监护人的过错，只要监护人未尽到看管和教育义务，视为被监护人有过错。在双方对损害的发生均没有过错时，适用第24条的理由应统一为安全保障义务人管理场所或组织活动与受害人遭受损害有事实因果关系。应明确监护人过错是受害人过错的扩张解释，分担损失标准应在特定的范围内，考量损害原因、损害大小、双方经济条件等综合因素，分担损失范围不包括精神损害。

《侵权责任法》第24条能否适用于违反安全保障义务责任纠纷颇有争议，本章通过对中国裁判文书网公布的24则违反安全保障义务责任案件适用第24条的裁判文书进行分析，拟对该类型案件的适用现状、适用原因、适用问题、适用方法进行讨论。

一、第24条适用于违反安全保障义务责任纠纷的要旨分析

（一）适用案件类型

在我国，《人身损害赔偿解释》最早确立了安全保障义务。

但其仅确立安全保障义务以人身损害为限，不包括财产损害。[1]《侵权责任法》在此基础上，增加了安全保障义务人对受害人财产损害的安全保障义务，规定只要安全保障义务人未尽到安全保障义务，造成他人损害的，应当承担侵权责任。[2] 因此，违反安全保障义务责任纠纷既包括人身损害赔偿纠纷，也包括财产损害赔偿纠纷。司法实践中，在众多适用第 24 条的案件中，违反安全保障义务适用第 24 条的案例不仅支持财产损害而且支持人身损害，以人身损害为主。通过对 24 则案例进行整理和分析，发现有 22 则案例因受害人人身遭受损害而引起诉讼，仅有 2 则案例是受害人因财产受到损害而引起诉讼。由此看来，安全保障义务纠纷适用第 24 条的案件中，受害人因人身遭受损害提起诉讼是常态。

（二）司法裁判要旨

笔者收集的 24 则案例中，安全保障义务人对损害的发生是否有过错，主要有以下两种情况：第一种情况是安全保障义务人与受害人对损害的发生均有过错，适用第 24 条，双方各自承担一定比例的责任。第二种情况是安全保障义务人没有过错，无论受害人有无过错，法院根据第 24 条，判决双方分担损失。

---

〔1〕《最高人民法院关于审理人身损害赔偿案件适用法律若干问题的解释》第 6 条规定："从事住宿、餐饮、娱乐等经营活动或者其他社会活动的自然人、法人、其他组织，未尽合理限度范围内的安全保障义务致使他人遭受人身损害，赔偿权利人请求其承担相应赔偿责任的，人民法院应予支持。"

〔2〕程啸：《侵权责任法》，法律出版社 2015 年版，第 458 页。

上述第一种情况，安全保障义务人有过错，让其承担一定的责任，赔偿相应的损失，是符合常理的，但不应适用第24条。第二种情况，安全保障义务人没有过错，尤其是在受害人有过错的情况下，如何得以适用第24条，法院必须进行释明。通常，法院的理由主要有两种：一是根据“获取利益说”，安全保障义务人经营的场所或组织的活动获取了利益；二是依据“因果关系说”，安全保障义务人经营的场所或组织的活动与受害人的损害有因果关系。如庞顺与佛山市社会福利院违反安全保障义务责任纠纷〔1〕中，法院认为福利院并没有违反安全保障义务，不支持原告依据安全保障义务要求被告赔偿损失。但由于原告与被告之间形成托养关系，被告因此获取一定的利益，依据公平原则，被告应该对原告的损害进行适当的补偿。赵家举、张启林为与被告李江、傅云英、义乌市成城彩钢结构有限公司违反安全保障义务责任纠纷〔2〕中，法院认为，被告李江为受害人赵勇的雇主，虽然赵勇并非在从事雇佣活动中死亡，但被告李江作为雇主从雇员的工作中得到经济利益，根据第24条，判定被告李江对受害人进行补偿。又如郭世太与被告段中和违反安全保障义务责任纠纷〔3〕中，法院虽然认定被告没有过错，但受害人的确是在被告经营的场所内受到的损害，二者之间有一定的因果关系，双方应根据公平原则分担损失。

〔1〕广东省佛山市禅城区人民法院（2015）佛城法庙民初字第279号民事判决书。

〔2〕浙江省义乌市人民法院（2017）浙0782民初520号民事判决书。

〔3〕河南省孟州市人民法院孟民西初字第00147号民事判决书。

（三）构成要件

根据第24条的条文表述，适用前提条件是受害人与行为人对损害的发生都没有过错。但适用第24条的违反安全保障义务案件中，法院往往会对行为人和受害人的范围以及适用前提条件进行目的性扩张解释。〔1〕

1. 适用主体

违反安全保障义务是不作为责任，违反安全保障义务案件中，义务人自己违反保障义务造成他人损害，义务人就是加害行为人。〔2〕第24条规定的是双方当事人均无过错，在判定受害人有无过错时，司法实践中往往对其进行目的性扩张解释。如受害人是无行为能力或者限制行为能力时，其监护人有过错的，会认定为受害人有过错。如崔兆民、侯玉杰诉被告梁山县水利局违反安全保障义务责任纠纷〔3〕中，法院认为，原告崔兆民、侯玉杰之子崔国宇系无民事行为能力人，他们作为崔国宇的监护人，没有尽到安全教育及看管的监护责任，是造成事故的主要原因，监护人存在过错，应负主要责任。该案中，受害人作为无民事行为能力人，将监护人过错扩张解释为受害人过错。

〔1〕目的性扩张为法律漏洞补充方法之一，与扩张解释不同之处在于，扩张之文意是否还在原有文意之内。参见梁慧星：《民法解释学》，法律出版社2015年版，第224－225页。

〔2〕程啸：《侵权责任法》，法律出版社2015年版，第462页。

〔3〕山东省梁山县人民法院（2016）鲁0832民初4101号民事判决书。

2. 适用前提条件

违反安全保障义务以过错责任为归责原则，安全保障义务人只有在未尽到安全保障义务时才承担侵权责任。第24条要求受害人和行为人对损害的发生均没有过错，损失由双方进行分担。表面上违反安保义务责任要求行为人有过错，而公平责任要求行为人没有过错。司法实践中往往会出现：①法院根据实际情况判定义务人已尽注意义务，判定义务人没有过错，该案不适用违反安全保障义务责任。同时，法院判定受害人也没有过错。根据公平责任，在双方都没有过错的情况下，由双方分担损失。如程昌安、谢梅华与被上诉人辰溪锦星沙业有限公司违反安全保障义务责任纠纷[1]中，二审法院认定安全保障义务人辰溪锦星沙业有限公司没有违反安全保障义务，受害人程阳家也没有过错，辰溪锦星沙业有限公司从河段以及航道中挖取砂石来获取利益。根据公平责任，酌定辰溪锦星沙业有限公司承担一部分责任。此种情况下，判决书中的裁判依据不引用《侵权责任法》第37条。②法院判定安全保障义务人没有违反安全保障义务，但受害人有一定的过错。由于安全保障义务人通过经营活动获取了一定利益，或是因经营场所、组织某种活动与受害人受损害有因果关系，根据公平责任，判定安全保障义务人分担部分损失。如郭世太与段中和违反安全保障义务责任纠纷[2]中，法院认为，原告在被告的垃圾场内无偿捡拾垃圾，

〔1〕 湖南省怀化市中级人民法院（2017）湘12民终592号民事判决书。

〔2〕 河南省孟州市人民法院孟民西初字第00147号民事判决书。

曾遭被告驱赶，但原告又从其他小道绕进垃圾场继续捡拾垃圾，因此而受伤。原告有一定过错，被告在客观上难以阻止，其没有过错，由原告承担大部分损失。该案中，法院判定安全保障义务人没有过错，不适用《侵权责任法》第 37 条，但被告经营的活动与受害人遭受损失有一定的因果关系，根据第 24 条判决被告分担部分损失。③法院认定安全保障义务人有过错，同时受害人也有过错。法院根据安全保障义务责任，判定由安全保障义务人承担侵权责任，但同时，由于受害人也有一定的过错，根据公平责任，判定双方分担损失。如洪刘敢与特易购商业（上海）有限公司上南路分公司违反安全保障义务责任纠纷[1]中，法院认为，被告作为公共场所的管理人，在下大雨的情况下，没有及时采取警示和保障措施，导致原告滑倒受到损害，违反安全保障义务。原告明知地面湿滑，没有尽到必要的注意义务，亦应分担责任。该案中，法院在判定双方都有过错的情况下，适用了《侵权责任法》第 24 条，也适用了《侵权责任法》第 37 条。从理论角度而言，该判决适用法律有待商榷：第 24 条要求双方当事人均无过错，如果双方当事人均有过错，应当考虑适用该法第 26 条与有过失，而不是第 24 条公平分担损失规则。

---

〔1〕 上海市浦东新区人民法院（2015）浦民一（民）初字第 3658 号民事判决书。

（四）损失分担标准和范围

第24条规定根据实际情况，由双方分担损失，没有规定具体的分担标准及补偿范围。司法实践中，具体的分担标准及补偿范围由法官自由裁量。综观24则案例的判决书，法院判决具体分担数额有两种方式：一是直接判决安全保障义务人补偿受害人具体的数额，二是判决安全保障义务人分担原告损失总额的百分比。笔者通过对判决书进行整理与分析，在原被告双方均没过错、均有过错、仅受害人有过错三种情况下，对具体赔偿数额进行换算，以及对是否支持了精神损害赔偿进行观察，由此得出以下结论：

第一，双方均没有过错的案例有11则，分担标准从4% - 50%不等，有2则案例支持了精神损害赔偿，1则案例没有支持。剩余8则案例中，除了1则案例是财产损害赔偿案件外，有3则案例，原告没有诉请精神损害赔偿，其余4则案例没有说明是否支持精神损害赔偿而直接判决被告承担具体的赔偿数额。

第二，双方均有过错的案例有6则，分担标准从15% - 80%不等，有2则案例支持了精神损害赔偿，1则案例是财产损害赔偿案件，另外3则案例，原告没有诉请精神损害赔偿。

第三，仅受害人有错的案例有7则，分担标准从4% -23%不等，有2则案例支持精神损害赔偿，2则案例没有支持；2则案例原告没有诉请精神损害赔偿；剩余1则案例没有说明是否支持精神损害赔偿，直接判决被告承担具体的赔偿数额。

二、违反安全保障义务责任纠纷适用公平责任存在的问题

司法实践呈现出以下四点问题：一是第 24 条司法适用范围有争议，过错责任可否适用第 24 条。若答案是可以，适用于安全保障义务人和受害人对损害的发生均没有过错，受害人有过错、双方均有过错的情况能否适用第 24 条。二是司法裁判方向不统一，法院对第 24 条的适用有不同的理由。三是判断行为人与受害人对损害的发生是否有过错时，没有明确是否可以对受害人进行扩张解释。四是法院判定安全保障义务人分担损失的标准差异较大，是否应分担精神损害，不同的法院也有不同的观点。

（一）适用范围之争

第 24 条的适用范围，司法实践和学界都有较大争议。一种观点认为，第 24 条是一般条款，根据其表述的各个要素可以直接适用。[1] 这种是宽泛式的公平责任立场，认为公平责任是原则规定适用条件，没有界定所适用的案件类型。[2] 另一种观点认为，第 24 条是特殊条款，是独立的归责原则。但具体适用于何种类型的案件，又有不同看法。有的学者认为，第 24 条仅适

---

〔1〕 陈科：《公平责任一般条款的司法适用——以 100 份侵权案件判决书为分析样本》，载《法律适用》2015 年第 1 期，第 14 页。

〔2〕 全国人大法工委民法室编：《中华人民共和国侵权责任法条文说明、立法理由及相关规定》，北京大学出版社 2010 年版，第 92 页。

用于过错责任和过错推定责任，在各方当事人都没有过错的情况下，行为人与受害人之间的损害有法律上的因果关系，没有其他具体条款可以适用时，可以适用第 24 条。[1] 也有学者认为，该条是过错归责原则中的一种特殊情形，仅适用于见义勇为、紧急避险、完全民事行为能力人无意识或者无控制力的行为致人损害、不明抛掷物坠落物致人损害这几种类型案件。[2]

24 则案例，法院适用第 24 条是将其作为一般条款，根据其所有构成要件综合判断本案是否适用第 24 条。但法院对受害人与行为人对损害的发生是否有过错，均进行了目的性扩张解释，使得第 24 条既可以适用于安全保障义务人与受害人对损害的发生均没有过错的情况，也适用于仅受害人有过错的情况，甚至可以适用于双方均有过错的情况，这种倾向应当得到遏制。

（二）裁判依据不统一

24 则案例中，法院裁判安全保障义务人分担损失的依据也不统一。有的法院认为，安全保障义务人获得了一定的利益，因此其应对受害人的损失进行分担，如上述庞顺与佛山市社会福利院违反安全保障义务责任纠纷一案。有的法院认为，安全保障义务人所经营的场所或是组织的活动与受害人遭受损害有

---

〔1〕 窦海阳：《侵权法中公平分担损失规则的司法适用》，载《法商研究》2016 年第 5 期，第 136 页。

〔2〕 张善斌：《公平原则适用存在的问题及对策》，载《河北法学》2012 年第 12 期，第 48 - 49 页；郭明瑞：《关于公平责任的性质与适用》，载《甘肃社会科学》2012 年第 5 期，第 99 页。

因果关系，因此其应分担损失，如上述郭世太与被告段中和违反安全保障义务责任纠纷案。

（三）对受害人过错的理解有分歧

适用第 24 条的违反安全保障义务案件中，法院判定受害人是否有过错时，有不同的解释。有的案件中，对受害人有过错进行目的性扩张，解释为监护人有过错。如崔兆民、侯玉杰与梁山县水利局违反安全保障义务责任纠纷[1]中，法院认为受害人的监护人有过错，没有尽到对子女的看管和教育义务。有的案件中，法院并没有将监护人的过错解释为受害人有过错。如程昌安、谢梅华与辰溪锦星沙业有限公司违反安全保障义务责任纠纷[2]中，受害人系未成年人，法院没有判定监护人没有尽到教育和看管的义务，而是直接判定双方均没有过错。

（四）分担损失标准有差异

通过上述对 24 则案例的分析，在双方都没有过错的情况下，法院判决安全保障义务人分担损失最低的标准是 4%，最高的标准却达到了 50%。在仅受害人有过错时，法院判决安全保障义务人分担损失的最低标准也是 4%，最高标准是 23%。在双方均有过错时，法院判决安全保障义务人最低的承担 15% 的赔偿责任，最高的承担 70% 的赔偿责任。同时，根据公平责任，

---

〔1〕 山东省梁山县人民法院（2016）鲁 0832 民初 4101 号民事判决书。
〔2〕 湖南省怀化市中级人民法院（2017）湘 12 民终 592 号民事判决书。

安全保障义务人是否分担受害人的精神损害，各个法院也有不同的看法。有的法院将精神损失赔偿项目计算至安全保障义务人应承担或分担的范围内，有的法院则没有将其计算入内。之前也有法官通过对所有适用第 24 条的案件进行抽样调查发现，对于残疾赔偿金以及死亡赔偿金是否计入分担损失范围内，大多数持肯定意见。关于精神损害赔偿金，大部分法院不支持，只有少部分法院支持。[1] 在同等条件下，无论是安全保障义务人应分担的损失标准还是能否应分担精神损害，各个法院的判决差异较大。

三、第 24 条适用于违反安全保障义务责任纠纷的原因

第 24 条是否可以作为一种与过错责任和无过错责任相同地位的独立归责原则，学界一直有争议。有学者以第 24 条是《民法通则》第 132 条的改动为基础，认为第 24 条是损失分担规则，在过错责任和无过错责任之外再确立旨在实现分配正义的侵权责任机制是完全合理的。[2] 但第 24 条的性质到底为何，其应该如何适用于司法实践，各位学者和司法实务者有不同的看法。由此，立法上的不清晰导致第 24 条可否适用于违反安全保障义务责任案件，也一直没有得到准确回应。

有学者认为，第 24 条应排除过错侵权责任下三种情况的适

〔1〕 陈科：《公平责任一般条款的司法适用——以 100 份侵权案件判决书为分析样本》，载《法律适用》2015 年第 1 期，第 13 页。

〔2〕 张金海：《公平责任考辨》，载《中外法学》2011 年第 4 期，第 769 页。

用。一是行为人对损害的发生没有过错，受害人有过错时，行为人无须承担责任，不能适用第 24 条。二是行为人有过错，受害人没有过错时，行为人应依据法律的具体规定承担损害赔偿责任，不存在第 24 条的适用问题。三是行为人和受害人均有过错时，行为人应依据法律的具体规定承担损害赔偿责任，此时也不存在第 24 条的适用问题。因此，第 24 条只是在本来依据行为人没有过错的情况下，依据过错侵权责任可以不用承担责任，但法院可以依据第 24 条，根据实际情况，在侵权损害赔偿责任不能发挥损失分配功能的情况下，对受害人遭受的损害进行损失分配。[1] 也有学者认为第 24 条只是不能适用于无过错责任和过错推定原则案件中。无过错责任原则与公平责任是根本不同的，适用无过错责任原则的场合无适用公平责任的余地。在过错推定原则中，不能因为受害人也没有过错，而由行为人与受害人一同分担损失或分担责任。第 24 条既不是过错责任、无过错责任外的辅助性归责原则，也不是具有兜底条款性质的规定。公平责任可适用于应适用过错责任原则而双方又没有过错的场合。[2] 也有学者认为，第 24 条主要是针对责任未成立时的损害分担，没有将其作为在责任成立后确定损害赔偿的因素。因此，第 24 条不适用于过错责任和无过错责任。并且第 24 条不

〔1〕 王轶：《作为债之独立类型的法定补偿义务》，载《法学研究》2014 年第 2 期，第 123 - 124 页。

〔2〕 郭明瑞：《关于公平责任的性质与适用》，载《甘肃社会科学》2012 年第 5 期，第 100 页。

宜直接用来作为裁判依据，需要对其适用进行限制。[1] 不同的学者对第 24 条有不同的看法，法官亦如此，当其在裁判案件时，不同的法官会作出不同的判决。笔者认为第 24 条可以适用于违反安全保障义务责任纠纷。

根据安全保障义务性质的“附随义务说”，安全保障义务是合同法上的附随义务，安全保障义务人除了主给付、从给付义务外，还应有基于诚实信用原则而产生的照顾、保护等义务。按照“法定义务说”，安全保障义务人对其服务场所的消费者等的人身和财产负有保障义务是一种法定义务。从安全保障义务的功能来看，维护公共安全本就需要安全保障义务人负有比较高的注意义务，一旦发生损害，很容易认定其应承担侵权责任。[2] 公平责任的价值理论“经济承受说”“危险责任说”与安全保障义务的价值都有类似之处。有的法院在安全保障义务人与受害人对损害的发生都没有过错时，判定安全保障义务人应分担损失的理由是安全保障义务人获得了一定的利益。根据经济承受说，由财产状况较容易承受的一方分担损失。显然，安全保障义务人属于财产状况容易承受的一方。有的法院依据安全保障义务人所管理的场所或组织的活动存在一定的危险可能，判定受害人遭受损失与安全保障义务人所经营或组织的活动有因果关系，安全保障义务人需分担一定的损失。

---

〔1〕 陈本寒、陈英：《公平责任归责原则的再探讨——兼评我〈侵权责任法〉第 24 条的理解与适用》，载《法学评论》2012 年第 2 期，第 140 页。

〔2〕 程啸：《侵权责任法》，法律出版社 2015 年版，第 459 - 463 页。

四、第24条适用于违反安全保障义务责任纠纷的方法

（一）严格限制适用范围

根据24则案件的裁判理由，安全保障义务人和受害人对损害的发生都没有过错或是仅受害人对损害的发生有过错时，判决书一般表述为“由被告分担原告部分损失”。如李某与被告深圳东部华侨城有限公司公共场所管理人责任纠纷[1]中，法院认为原被告双方都没有过错，根据公平责任原则，结合案件实际情况，酌定由被告分担原告部分损失，补偿原告人民币5000元。安全保障义务人和受害人对损害的发生都有过错时，判决书一般表述为“根据双方过错，由原告承担xx比例的过错责任，被告承担xx比例的过错责任，被告赔偿原告xx元”。如王乃深、王元靖、汪文英诉东方八所宝真百货超市公共场所管理人责任纠纷[2]中，法院认为受害人王惠琼是完全行为能力人，在双手提货物下楼梯时应注意危险性，但其并没有进行有效防备，由此造成摔下楼梯。同时，涉案楼梯在踏步宽度和楼梯平台设置方面存在瑕疵。结合该案具体情况，法院酌情确定由受害人王惠琼承担70%的过错责任，被告承担30%的过错责任，被告向原告赔偿109 559.95元。在上述第一种类型案件中，判决书用“分担”“补偿”等用语，表明安全保障义务人仅是对

〔1〕广东省深圳市盐田区人民法院（2016）粤0308民初1394号民事判决书。
〔2〕海南省东方市人民法院（2015）东民一初字第388号民事判决书。

受害人的损失进行适当分担，符合第24条的公平责任理念和损失分担规则。在上述第二种类型案件中，判决书则通过“承担”“赔偿”等用语，表明安全保障义务人对受害人的损失承担的是赔偿责任，与第24条的公平责任理念和损失分担规则不符。并且第24条与《民法通则》第132条相比，其已从“由当事人分担责任”改成“由双方分担损失”，表明了立法者将第24条定位于损失分担，而不是责任承担。

王竹教授认为，公平责任的适用范围应受到限制，仅局限于监护人及其类似情形中。并且建议侵权责任法不应再单独将公平责任作为责任基础的责任形态条款，应仅规定公平责任中的责任分担内容，称其为“分担责任条款”以示同“公平责任”的区别，这样可以限制公平责任适用范围，同时也为更多的适用“分担责任”形态的立法保持了开放的空间。[1] 违反安全保障义务案件中，安全保障义务人与受害人对损害的发生都有过错时，应直接适用《侵权责任法》第37条的规定，承担违反安全保障义务责任。同时，由于受害人对损害的发生也有过错，适用第26条与有过失的相关规定，根据受害人的过错程度减轻安全保障义务人的责任。如樊成廷与被告张军强违反安全保障义务责任纠纷[2]中，法院认为张军强作为经营者，有义务保障顾客樊成廷的人身和财产安全。但同时，樊成廷本人携带

〔1〕王竹：《我国侵权法上“公平责任”源流考》，载《甘肃政法学院学报》2008年第3期，第144页。

〔2〕甘肃省庆阳市西峰区人民法院（2013）庆西民初字第1323号民事判决书。

价值较大的财物出入公共场所，也应负有一定的谨慎注意义务。其没有告诉店员包内有贵重物品，或者是要求店员为其保管物品，也具有过错。双方都有过错，应适用第24条。实际上，该案中，被告张军强作为经营者对原告的财产损失有过错，已经违反安全保障义务，应承担违反安全保障义务的侵权责任；同时，受害人对其财产的损失也有过错，应适用第26条减轻安全保障义务人的责任，不能直接适用第24条。

（二）实际情况考察

有学者认为公平责任是受益人补偿责任。[1] 但是在违反安全保障义务责任纠纷中，往往许多安全保障义务人并没有获得利益，比如在商场挑选商品时遭受损害，受害人与安全保障义务人之间还没有实际交易，商场还没有获得利益。由此，当受害人遭受损害，双方都没有过错，仅因安全保障义务人没有获得利益，则不适用第24条，这显然是不合理的。第24条适用于违反安全保障案件的理由，应统一为受害人遭受损害与安全保障义务人所管理的场所或是组织的活动具有事实因果关系，无需将安全保障义务人获得利益作为适用第24条的唯一前提条件。

---

〔1〕 汪水伟：《侵权责任法中公平责任的适用范围》，载《甘肃政法学院学报》2006年第1期，第103页。

（三）将监护人过错扩张解释为被监护人过错

《侵权责任法》第32条规定了监护人责任，要求无民事行为能力人、限制民事行为能力人的监护人为其造成他人损害承担侵权责任。由此条立法目的来看，一是为了更好地维护被侵权人的合法权益，二是更好地预防侵权行为的发生。因为年龄或精神健康原因，导致无民事行为能力人和限制民事行为能力人并不能很好地辨认其行为带来的后果，由监护人就被监护人的侵权行为承担责任，有利于加强监护人对被监护人的教育和看管。[1] 由于被监护人不能很好地辨认其行为带来的后果，无民事行为能力人和限制民事行为能力人在安全保障义务人管理的场所或组织的活动中遭受损害，而安全保障义务人又没有过错，要依据公平责任让双方分担损失，受害人的过错必定是减少安全保障义务人分担损失数额的因素。因此，需承认将受害人过错扩张解释为监护人的过错，只要监护人未尽到看管和教育义务，视为被监护人有过错。

（四）明确损失分担标准和范围

第24条适用于违反安全保障义务案件，安全保障义务人应分担损失的具体标准和范围，各个法院裁判结果有较大差异。公平责任的损害分担标准应该考量双方的经济情况，公平责任的损害分担本质上是经济衡量，需要考虑双方的经济状况、受

---

〔1〕 程啸：《侵权责任法》，法律出版社2015年版，第388页。

害人的损害程度或是受益程度。[1] 公平责任的分担标准需要考虑损害成因、损害性质、损害大小、损害造成的影响、损害补救、双方的经济条件等因素。只有综合考虑这些方面的实际情况，才能依法决定是否分担以及如何分担。[2] 司法实践中判定安全保障义务人分担过多的损失数额，对于安全保障义务人是不公平的。若是分担过少的损失数额，不能达到加强安全保障义务人的安保注意程度。对于安全保障义务人是否应分担受害人的精神损害，大多数人持否定态度。如有学者认为，不能支持精神损害的原因在于行为人并没有过错，没有侵权的事实，让其分担精神损害没有法律依据，属于不当地扩大了公平责任的损失分担范围，加重了行为人的负担。[3] 精神损害赔偿是抚慰受害人遭受的精神创伤，应由有过错的侵权人对受害人进行赔偿。在适用第24条时，安全保障义务人没有侵权行为，法院仅是依据公平责任要求其对受害人进行适当补偿，这个补偿范围应在受害人实际遭受的损失范围之内，不包括其预期经济利益和精神损害。对此笔者有不同观点，精神损害也属于第24条的保护范围，具体详见本书第六章内容。

---

〔1〕 张善斌：《公平原则适用存在的问题及对策》，载《河北法学》2012年第12期，第44页。

〔2〕 田土城：《论："损失分担"的性质和适用——以〈侵权责任法〉第24条为例》，载《中州学刊》2013年第12期，第65页。

〔3〕 张善斌：《公平原则适用存在的问题及对策》，载《河北法学》2012年第12期，第44页。

第四章　体育运动纠纷二元适用论

——自甘风险和《侵权责任法》第24条适用的质疑与决疑

本章提要：司法实践中对于体育运动损害责任的认识却不尽一致：有些法院采纳自甘风险抗辩免除行为人责任，有些法院援引第24条分担受害人的损失，有些法院按照与有过失处理此类案件，可谓同类案件不同判决日渐增多。本章有必要厘清自甘风险和第24条的适用关系，为正确处理体育运动损害纠纷贡献些许智识。司法实践中，有法院依据预见可能性，支持自甘风险抗辩。这种预见可能性来自于社会生活经验，可以说是常理、常情和常识在司法实践中的扩展。例如，篮球运动中常规性身体接触带来的碰撞伤害是常见现象，具有社会相当性和普遍性，篮球运动中常规性身体接触带来的碰撞伤害是正当的和被允许的观念已被人们广泛认可，参与运动的人也习惯了接受篮球运动中常规性身体接触带来的伤害风险。体育运动纠纷中，有些法院在判决时认为，受害人遭受了严重的损失，很多案件中受害人受到人身伤害构成残疾，受害人救济具有必要性，如果严格按照自甘风险免责的话，受害人将承担沉重的精神痛苦和经济压力。考虑到受害人的损害与行为人的行为具有事实上的因果关系，以及双方当事人经济状况的对比，法院援引第24条判决双方当事人分担损失。自甘风险在体育运动纠纷中的适用是以行为人存在过错为前提，适用过错责任原则，该原则强调当事人之间的责任分配，着力点在于对责任人的惩戒；公平责任对行为人与受害人之间的责任分配模糊化，强调损失在当事人之间的合理分配。按照第24条适用的径路而言，体育运动中双方均无过错，但行为人的行为与受害人的损失确实存在耦合关系。根据案例的实证分析以及自甘风险、第24条的理论表达，体育运动纠纷中两者适用的质疑是可以决疑的，两者适用的冲突是可以平衡的，具体适用的步骤是有先后顺序、层次分明的：第一步，确定本案属于自甘风险。行为人和受害人都没有过错，或者说属于意外事故，行为人无需承担过错侵权责任。体育运动本身具有内在的固有风险，合理的碰撞在所难免，受害人自愿参与运动之中，属于意思自治，构成自甘风险，理应承担意思自治下自甘风险免责的法律后果。第二步，考虑本案的实际情况，决定是否适用第24条。倘若受害人遭受严重人身损害，承受严重精神痛苦和巨大经济压力，法院可以根据实际情况由双方当事人分担损失，毕竟受害人的损害与行为人的行为存在事实因果关系，双方当事人经济状况以及受害人损害的严重程度使得救济成为必要。

这是一个全民健身的时代，2016年被誉为健康促进年，健康入万策深入贯彻落实，人们的健康理念不断更新，运动已然成为人们保持健康的重要生活方式。然而不幸偶有发生，体育运动过程中往往会发生一些意料之外的事件，这是当事人所不愿看到的。当人们无法通过非讼途径解决时，纠纷就会启动司法程序，此时侵权法将会展现它应有的功能。侵权法是利益平衡的艺术，是自由和安全的平衡器，是受害人权益保障和行为人行为自由的艺术杠杆。具体到体育运动损害纠纷领域，侵权法也发挥着其平衡利益的功能：一方面，它需要保障受害人的人身财产权益；另一方面，又要较少地干预运动人的行为宽度、广度和深度。体育运动损害责任凸显了运动自由和损害救济之间尖锐的矛盾和冲突，侵权法需要提供相应的制度保障以平衡这种不和谐社会关系。[1] 正如有学者所言，体育活动不能成为法律的真空，法律规定也不能机械地干涉体育的精彩性、娱乐性，特别要注意体育活动在现实生活中的重大影响和作用。[2] 自由和安全是侵权法永恒的主题和矛盾，为了解决这对矛盾，侵权法在保护运动人的人身利益与体育运动自治之间寻求平衡则显得至关重要。[3] 然而，司法实践中对于体育运动损害责任的认识却不尽一致，有些法院采纳自甘风险抗辩免除行为人责任，有些法院援引第24条分担受害人的损失，有些法院按照与有过失处理此类案件，可谓同类案件不同判决甚嚣尘上，本章

---

〔1〕 李钧：《论过错原则下的体育损害责任》，载《体育科学》2015年第1期，第68页。

〔2〕 马宏俊：《体育侵权中的民事法律责任研究》，载《体育科学》2005年第6期，第13页。

〔3〕 孔伟：《体育运动伤害案件中特别免责事由的适用——调和体育自治与私法介入冲突的手段》，载《济宁学院学报》2012年第6期，第73页。

有必要厘清自甘风险和第24条的适用关系，为正确处理体育运动损害纠纷贡献些许智识。

一、自甘风险在体育运动中的适用和质疑

无论司法实践还是理论研究，为多数人支持的意见是体育运动损害纠纷中应当适用自甘风险规则，免除行为人责任。此种认识是从体育运动的固有风险、促进全民运动乃至于公共利益角度分析纠纷适用的规则。

（一）自甘风险适用论

自甘风险也称自甘冒险、自冒风险等，一般认为，自甘风险是体育伤害过失较为常见的抗辩事由。[1] 所谓自甘冒险规则，是指受害人知道或者应该知道行为风险可能或必然存在，而仍然加入该项活动，因此相应风险和损害应该由受害人本人承担的一种制度性规定。[2] 理论上自甘风险包括两种情形，一种是明示的自甘风险，另一种是默示的自甘风险。默示的自甘风险又分为两种情形，一种是主要的默示自甘风险，另一种是次要的默示自甘风险。明示的自甘风险是指原告通过某种明示的方式表达出自己愿意自行承担风险及其后果的愿望，默示的自甘风险是指通过原告的行为推知其自愿承担风险。主要的默示自

〔1〕 李倩、邓春岳：《论自甘冒险抗辩在过失体育伤害归责中的有限保留》，载《湖南警察学院学报》2013年第6期，第69页。

〔2〕 韩衍杰：《自甘冒险规则在大众体育运动健康权侵权中的适用》，载《政法论丛》2013年第5期，第124页。

甘风险主要指非由被告过失造成的危险，次要的默示自甘风险指因被告过失造成的危险。[1] 据学者考证，我国台湾地区最早援引自甘风险的案例是士林地方法院 89 年度易字第 359 号刑事判决，判决认为："凡从事竞技、运动者，无论肇因于本身或其他参与运动之人、场地等因素，必然伴随程度不一之危险存在，是在合理范围内，应认为系从事该项运动之人所需容忍、承担之危险"。此后关于自甘冒险免责的缘由发展出三种形态：①被害人承诺说；②可容许之风险说；③无期待可能说。[2] 可见，体育运动自身的特殊性在于其内在的固有风险，纠纷的发生往往就是这种固有风险的实现。

关于自甘风险在司法实践中如何适用，存在两种路径选择：一种路径是将自甘风险作为一种免责事由，2016 年民法年会上，谭启平教授代表侵权责任法编专项课题组建议民法典中增加自甘风险作为一种抗辩事由。[3] 体育运动本身具有内在的固有风险，[4] 自甘风险中的风险是否发生、何时发生都不确定，风险是固有的常见的风险。[5] 有学者建议立法时可以考虑，自愿参

〔1〕 韩勇：《体育伤害自甘风险抗辩的若干问题研究》，载《体育学刊》2010 年第 9 期，第 27 页。

〔2〕 林振煌：《两岸体育侵权"自甘风险"抗辩之理论与实务》，载《体育科研》2013 年第 6 期，第 39 页。

〔3〕 参见谭启平教授在 2016 年民法学年会上所作的主题报告。

〔4〕 李钧：《论过错原则下的体育损害责任》，载《体育科学》2015 年第 1 期，第 68 页。

〔5〕 田雨：《论自甘风险在体育侵权案件中的司法适用》，载《武汉体育学院学报》2009 年第 11 期，第 48 页。

加涉及固有风险的任何活动的人因固有风险现实化而受到伤害的，如果他知悉固有风险的，加害人不负过失侵权的责任。[1] 这种建议即是将自甘风险作为免责事由，其中暗含逻辑上的一种过错要件前提，那就是承认行为人具有一般过错。另一种路径是论证存在自甘风险情形时行为人主观心素不存在过错。自甘风险规则因为行为人主观上没有过错这一要素，从而阻却民事责任构成，即否定了行为人要承担民事责任，形成免责的结果。[2] 体育运动适用一般过错侵权责任无可厚非，反向而言，只要证明加害者不具有过错，那么加害者之责任自不成立。而要证明加害者不具有过错，则首先需要证明加害者不具有注意义务。可以说，正是在体育活动中的加害人是否具有普通人所应有的注意义务的意义上，自甘风险规则得到了可以发挥的空间。[3] 此种路径否认了行为人主观过错，根据中国侵权责任构成要件理论，这是对过错要件的否定。两种路径的结果是相同的，都是免除行为人的民事责任；只是分析逻辑是不同的，那就是对过错的认识不同，一种是抗辩事由论证思维，一种是构成要件论证思维。在抗辩事由论证思维之下暗含着行为人违反了注意义务，此即构成过错，理应承担过错侵权责任，但是具

---

〔1〕 汪传才：《自冒风险规则：死亡抑或再生?》，载《比较法研究》2009 年第 5 期，第 30 页。

〔2〕 艾湘南：《体育侵权案中如何适用自甘风险规则——以侵权责任法为视角》，载《武汉体育学院学报》2010 年第 12 期，第 19 页。

〔3〕 殷飞、赵毅：《解释论：体育归责适用自甘风险的新路径》，载《武汉体育学院学报》2015 年第 6 期，第 42 页。

有抗辩事由，所以不用承担责任。这种论证思路存在两种缺陷：首先，自甘冒险在体育运动中的适用前提就是行为人存在过错，这种以“果”导“因”的逆向论证思维有悖侵权法的逻辑推演。其次，这一路径容易阻碍第24条的适用，因为《侵权责任法》第24条的要件之一是行为人没有过错；而且按照过错要件论可以较为妥当地解释重大过失情形下需要承担责任，那就是对常规注意义务的违反。所以此处按照第二种路径理解比较合适，在一般自甘风险之下，行为人不违反注意义务，不构成过错侵权责任。这两种路径拥有一个共同的价值判断，那就是当故意或重大过失造成运动人损害时，应当承担侵权责任。〔1〕此时不存在自甘风险的适用空间。例如，李金岩与张型辉健康权纠纷〔2〕中，法院认为，参与体育运动即“同意风险自担”，针对体育运动伤害形成的“同意风险自担”原则属于各国民法通行法则，行为人只要没有故意或重大过失侵害被害人，行为人对其引起损害的后果就没有过错，不应承担侵权赔偿责任。结合体育运动特有的规则性，这种重大过失体现在重大的、违背体育道德的行为和完全不必要与不合理的犯规。〔3〕体育运动有其自身的运动属性，如果超越了某种运动所能容忍的限度，违

〔1〕黄晓林、夏巍鑫：《“自甘风险”法律问题实证分析》，载《成都理工大学学报》（社会科学版）2016年第2期，第30页。

〔2〕参见山东省青岛市黄岛区人民法院民事判决书（2016）鲁0211民初13152号。

〔3〕殷飞、赵毅：《解释论：体育归责适用自甘风险的新路径》，载《武汉体育学院学报》2015年第6期，第43页。

反了较低的注意义务，则为运动的本质所不容，此时可以认定为存在过错。一言以蔽之，参加体育运动本身就是一种甘冒风险，因为体育运动本身就具有群体性、对抗性和人身危险性。体育运动参与者处在潜在的危险中，他们既是危险的潜在制造者，又是危险的潜在承担者，他们对体育运动的风险应有明确的认识，受到损害应当风险自担。[1]

司法实践中，有法院依据预见可能性，支持自甘风险抗辩。[2] 这种预见可能性来自于社会生活经验，可以说是常理、常情和常识在司法实践中的扩展。例如，篮球运动中常规性身体接触带来的碰撞伤害是常见现象，具有社会相当性和普遍性，篮球运动中常规性身体接触带来的碰撞伤害是正当的和被允许的观念已被人们广泛认可，参与运动的人也习惯了接受篮球运动中常规性身体接触带来的伤害风险。

（二）自甘风险适用质疑

自甘风险在体育运动损害纠纷中的适用虽然是主流观点，但并非毫无异议。有些学者指出自甘风险适用中存在的问题，甚至建议废除自甘风险的适用。

1. 自甘风险适用存在的问题

无论是制度规则还是司法实践抑或理论研究，自甘风险在

---

〔1〕 杨拥军：《论大学在学生体育活动损害中的侵权责任》，载《黑龙江高教研究》2010 年第 6 期，第 31 页。

〔2〕 参见湖南省娄底市中级人民法院民事判决书（2016）湘 13 民终 612 号，云南省蒙自市人民法院民事判决书（2016）云 2503 民初 727 号。

体育运动损害纠纷中适用存在种种问题。制度层面，我国侵权责任法并没有将自甘风险作为一种法定的免责事由，立法的阙如给其适用带来了“非法”的非议。司法层面，正如前文所言，自甘风险在司法实践中适用的效果并不一致，有些法院采纳自甘风险抗辩，有些法院不予认可。理论层面，自甘风险是否应当独立规范，三种不同类型的自甘风险是否均需规定，自甘风险适用范围如何，它的适用范围是局限于某几类特定的纠纷类型还是应当扩张至所有侵权责任纠纷以使其具有普遍适用性？这些问题引起人们对自甘风险司法适用的质疑，自甘风险的适用真的公平吗？以自冒风险作为抗辩依据，对于原告是一种全有或全无的抗辩。如抗辩成立，原告得不到任何赔偿；如果抗辩不成立，则原告可得到全部赔偿。对原告和被告而言，均有不公平之处。[1]

2. 自甘风险废除论

基于这样的质疑，有学者甚至提出，自甘风险的历史使命已经完成，它可以光荣地退出历史舞台。在现有侵权责任法体系之下，自甘风险不具有独立性，没有存在的必要。从自甘冒险的构成要件和本质来看，它涉及的不过是过失相抵、侵害人未承担注意义务等范畴内的问题，不具有独立性。[2] 自甘风险的功能可以为其他制度所替代，这主要是从三种不同的自甘风

〔1〕 段荣芳：《体育运动伤害赔偿责任基本问题研究》，载《体育与科学》2011 年第 2 期，第 36 页。

〔2〕 廖焕国、黄芬：《质疑自甘冒险的独立性》，载《华中科技大学学报》（社会科学版）2010 年第 5 期，第 45 页。

险类型分析。在我国现有法律框架下明示的自甘风险可由“约定的责任限制”替代，主要的默示自甘风险实为运动场上的意外事件处理原则，次要的默示自甘风险能由现有侵权法则解决，自甘风险规则在历史的发展中已无存在的必要。[1]

（三）自甘风险与受害人同意

关于自甘风险与受害人同意的关系，学界形成了两种不同的观点：一种观点是自甘风险就是受害人同意；另一种观点认为自甘风险不同于受害人同意。

1. 自甘风险等同于受害人同意

自甘风险等同于受害人同意观点认为，自甘风险暗含着这样的价值前提，受害人在参加体育运动时已经认识到体育运动内在固有的风险并且已经同意承受危险实现带来的损害。更有观点认为，加害人不承担责任的基础就在于受害人的事前同意，依法理运动人自愿参加体育运动，表明行为人已经放弃了基于正常运动所生损害的赔偿请求权。[2] 当然，法律上并没有规定这种同意的存在，有学者将这种受害人同意解释成是体育活动的自然本质使然。[3] 所以，自甘风险也称自担风险，他们认为

---

〔1〕 杨林、侯茜：《论体育运动中自甘风险规则的可替代性》，载《武汉体育学院学报》2017 年第 2 期，第 39 页。

〔2〕 陈宏：《对体育运动中公平责任与自甘冒险的比较分析》，载《贵州工业大学学报》（社会科学版）2007 年第 1 期，第 211 页。

〔3〕 殷飞、赵毅：《解释论：体育归责适用自甘风险的新路径》，载《武汉体育学院学报》2015 年第 6 期，第 43 页。

自愿者自担风险，正如法谚有云："对自愿者不构成伤害。"曾立华与李逢春健康权纠纷[1]中，法院认为，原告曾立华作为具有完全民事行为能力的业余篮球爱好者，应当能够预见到篮球运动存在的潜在伤害风险，但其自愿地选择参加篮球运动，意味着其是有接受该危险并自愿承担篮球运动潜在伤害风险的意愿，属以默示的形式表示自甘风险意思。景卫民与王晋生命权、健康权、身体权纠纷[2]中，法院认为，原告作为具有完全民事行为能力的业余羽毛球爱好者，应当能够预见到羽毛球运动的潜在伤害风险，其自愿选择参加羽毛球运动，属于以默示的形式表示自甘风险。

2. 自甘风险不同于受害人同意

自甘风险不同于受害人同意观点认为，"自甘风险"是不同于"同意"的抗辩，[3] 在自甘风险适用的过失侵权中，不可能存在受害人同意的情形。因为受害人只有针对他人故意的侵权行为才可能予以同意，而对于他人的过失侵权行为，受害人是

---

〔1〕 参见湖南省娄底市中级人民法院民事判决书（2016）湘13民终612号。

〔2〕 参见山西省太原市迎泽区人民法院民事判决书（2015）迎民初字第2343号。相同的判决还有：贾欣狄与张佳旭身体权、健康权纠纷，孙晓梅与赵建树健康权纠纷，成云鹏与张心才健康权纠纷，崔力涛与刘传忠健康权纠纷，田有新与刘绍东、宋家国、李志超、房玉豹侵权责任纠纷，裁判文书依次是：北京市顺义区人民法院民事判决书（2014）顺民初字第11019号，黑龙江省哈尔滨市中级人民法院民事判决书（2014）哈民二民终字第914号，沁阳市人民法院民事判决书（2013）沁民崇义初字第00146号，黑龙江省宾县人民法院民事判决书（2016）黑0125民初3256号，山东省济南市中级人民法院民事判决书（2014）济民四终字第814号。

〔3〕 韩勇：《体育伤害自甘风险抗辩的若干问题研究》，载《体育学刊》2010年第9期，第26页。

不可能“同意”的，因为对未知的将来事件是很难谈得上同意的。[1] 这是从同意不能的角度予以否认自甘风险等同于受害人同意。

还有一种观点是从受害人风险认可的角度论证自甘风险不同于受害人同意[2]：首先，二者明知的内容不同，一种是仅明知风险实现的可能性，另一种是已然明知风险实现的必然性。其次，二者同意的内容不同，受害人同意从本质上说是受害人行使权利的表现，而对于自甘风险，受害人从本质上说他并不是希望自己真就遭受危险。再次，适用的主观要求不同，自甘风险适用于过失侵权，受害人同意适用于故意侵权。最后，两者所产生的法律效果不同，受害人同意免除加害人责任，风险认可，并不必定免除加害人的侵权赔偿责任，而是通过过失相抵或比较过失进行相应的减轻甚至免除。

笔者赞成受害人同意和自甘风险在本质上是不同的。受害人同意更多体现的是对个人自身权益之处分，表征了现代民法中的个人主义精神，在体育运动中，具体体现为运动员对自己身体之自由处分权；而自甘风险由于风险之不确定性和偶然性，受害人主观上并不希望自己的人身遭受危险。[3]

---

〔1〕 程啸：《论侵权行为法中受害人的同意》，载《中国人民大学学报》2004年第4期，第115页。

〔2〕 田雨：《论自甘风险在体育侵权案件中的司法适用》，载《武汉体育学院学报》2009年第11期，第50页。

〔3〕 赵毅：《体育侵权中受害人同意和自甘风险的二元适用——由“石景山足球伤害案”引发的思考》，载《武汉体育学院学报》2014年第4期，第13页。

3. 自甘风险和受害人同意二元适用论

既然自甘风险和受害人同意在本质上是不同的，那么两者在适用上可能是平行的。所以有学者提出自甘风险和受害人同意二元适用论。在体育侵权的抗辩事由中，应二元适用受害人同意和自甘风险规则，两者各有功用，各司其职。在学校体育和业余体育活动中，诸如眼睛失明等严重损害身体官能的伤害将使自甘风险不生阻却违法之效力；而在职业的对抗性体育比赛中，损害程度固然可以稍许放宽，但仍不可以生命或类似双目失明之终身残疾为代价，“班古拉案”中的单目失明已经是自甘风险适用之极限。〔1〕这种观点虽然认为是自甘风险与受害人同意二元论，但本质上却并不属于二元论，而是一元自甘风险论。论者所言的损害程度不能成为受害人同意的特殊内容，可以说，损害程度在自甘冒险中并不具有独立考察的因素；这种严重损害如果是基于对重大注意义务的违反，则可能构成重大过失，如前文适用自甘风险论者所言，对于出现重大过失者，原则上行为人需要承担责任。

笔者认为，体育运动纠纷中可以适用自甘风险规则免除行为人责任。新中国司法实践发展至今，自甘风险虽未法定化，但作为一种理论俨然成为体育运动纠纷适用中的宠儿，这种司法习惯理应得到尊重和延续。理论研究和实证分析的目的不是推翻经验智慧，而是希望通过论证惯常做法的合理性以达到司

〔1〕 赵毅：《体育侵权中受害人同意和自甘风险的二元适用——由“石景山足球伤害案”引发的思考》，载《武汉体育学院学报》2014 年第 4 期，第 14 页。

法实践的统一性。

二、第24条在体育运动中的适用和批判

体育运动纠纷中，有些法院在判决时认为，受害人遭受了严重的损失，很多案件中的受害人人身受到伤害构成残疾，受害人救济具有必要性，如果严格按照自甘风险免责的话，受害人将承担沉重的精神痛苦和经济压力。考虑到受害人的损害与行为人的行为具有事实上的因果关系，以及双方当事人经济状况的对比，法院援引《侵权责任法》第24条判决双方当事人分担损失。

（一）第24条在体育运动中的价值与适用

司法实践中，很多法院援引《侵权责任法》第24条裁判体育运动纠纷，正是看中了该条规则的制度价值。

1. 第24条之价值体现

宏观而言，现行《侵权责任法》依两条主线递进建构受害人救济制度，一条名曰侵权责任，一条唤作补偿责任。相应地，该法将受害人的救济类型划分为赔偿救济和补偿救济。侵权责任以侵权损害赔偿责任为原则，赔偿责任对应补偿责任。构成侵权责任的，适用赔偿救济手段；未构成侵权责任而确有救济的必要时，适用补偿救济手段，但前提是满足损失分担规则的适用要件。非侵权责任之公平分担损失规则以补偿责任为名，其分担事由为公平。特定社会背景下的侵权法，是为了适应该

历史时期社会发展需要而构建的，它在利益衡量过程中更要考虑会为社会带来什么样的后果和影响。[1] 第24条是在我们现在这样的社会历史背景之下制定的，其一定程度上反映了社会对该条的正当需求，当行为人和受害人均无过错时，本应免除行为人责任，但考虑到实际情况，于受害人有实质不公，为了适当救济受害人，课以行为人以适当补偿责任，一方面是为了实现对受害人利益的维护，另一方面是为了保持社会的稳定与和谐。这种社会效果和影响正是该制度存在的内生价值。罗尔斯认为，作为公平的正义所需要的稳定性需要一个前提，即它首先应该属于一种自由主义的政治观点，而当诉诸公民的公共理性时，这种观点的目标对于理性的和合理的、自由的和平等的公民是可接受的。[2] 全国人大常委会法制工作委员会民法室认为，普通民众已经接受这种稳定性需求之下的公平观念，老百姓愿意出于道义拿出钱来对受害人提供帮助。[3] 第24条追求公平与和谐立法目的和救济受害人的规范意旨是值得肯定和延续的。

2. 第24条在体育运动纠纷适用之正当性

自甘冒险在体育运动纠纷中的适用是以行为人存在过错为

---

〔1〕 李璐：《论利益衡量理论在民事立法中的运用》，中国政法大学出版社2015年版，第163页。

〔2〕［美］约翰·罗尔斯：《作为公平的正义》，中国社会科学出版社2011年版，第223页。

〔3〕 全国人大常委会法制工作委员会民法室编：《中华人民共和国侵权责任法条文说明、立法理由及相关规定》，北京大学出版社2010年版，第93页。

前提，适用过错责任原则，该原则强调当事人之间的责任分配，着力点在于对责任人的惩戒；第 24 条对行为人与受害人之间的责任分配模糊化，强调损失在当事人之间的合理分配。按照第 24 条适用的径路而言，体育运动中双方均无过错，但行为人的行为与受害人的损失确实存在耦合关系。正如有学者所言："因为'正当'和'可原谅'就意味着不应该受惩罚，意味着惩罚性制裁是不正义的，但是这绝不意味着义务人在此种情形下可以不承担责任。虽然不存在惩罚性的赔偿，但他却必须给予权利人公平及时的补偿。"[1] 在体育运动损害纠纷中适用第 24 条的生命力在于：该责任原则并不具有惩戒行为人违法行为的功能，而是在运动参与双方都不存在过错的前提下对受害人这一弱者意外招致的损害进行补救，即启动的是侵权法的救济功能，以此实现侵权法平衡当事人利益的同时维护弱者的价值取向，达到息事宁人的法律效果。第 24 条通过金钱赔偿慰抚受害人的肉体疼痛，将法律保护弱者的价值功能贯彻到体育运动损害领域。即使可能导致增加诉讼经济成本、抑制健身活动开展，也应首要地关注受害者的伤害，受害人是弱者，理性人假设和私法自治原则在面对弱者权益保护的时候，理应让步。[2]

《侵权责任法》第 24 条在实践中取得了很好的效果，当可

[1] 夏勇主编：《法理讲义：关于法律的道理与学问》，北京大学出版社 2010 年版，第 331 页。

[2] 赵毅：《从公平责任到损失分担之嬗变——近年我国法院裁判体育伤害案件的最新立场》，载《体育学刊》2014 年第 1 期，第 43 页。

为法院在今后的类似案件中予以借鉴。[1] 司法实践中也在普遍适用着第24条。例如景卫民与王晋生命权、健康权、身体权纠纷[2]中，法院认为，本案原告的伤情已构成八级伤残，超出了参与运动者正常所能预见和承受的风险范围。基于损害的发生双方都没有过错，根据实际情况，原告的损失应当由原、被告

---

〔1〕 赵毅：《体育伤害案件适用法律的误区及补正——“林州少年篮球伤害案”判决评析》，载《体育与科学》2014年第3期，第42页。

〔2〕 参见山西省太原市迎泽区人民法院民事判决书（2015）迎民初字第2343号。相同判决的案例还有：李金岩与张犁辉健康权纠纷，李林钦与吴锦烨生命权、健康权纠纷，杨众程与张建波健康权纠纷，尹××与吴××健康权纠纷，张齐天阳诉崔某、崔德强、孙晓妹、第三人岳某、杜静波、岳春喜人身损害赔偿纠纷，成云鹏与张心才健康权纠纷，崔力涛与刘传忠健康权纠纷，关景清与张尚喜生命权、健康权、身体权纠纷，黄贤与李希生命权、健康权、身体权纠纷，贾磊与张志强健康权纠纷，李想诉李建军生命权、健康权、身体权纠纷，张明与肖高义人身损害赔偿纠纷，孙立清诉许其荣生命权、健康权、身体权纠纷，王琦与周玉森身体权纠纷，周鹏远与侯守明生命权、健康权、身体权纠纷，占方祥与赵一川健康权纠纷，杨峥与陈曦生命权、健康权、身体权纠纷。裁判文书号依次是：山东省青岛市黄岛区人民法院民事判决书（2016）鲁0211民初13152号，福建省福州市中级人民法院民事判决书（2015）榕民终字第5604号，山东省日照市东港区人民法院民事判决书（2015）东民一初字第3499号，云南省蒙自市人民法院民事判决书（2016）云2503民初727号，淄博市博山区人民法院民事判决书（2014）博民初字第234号，沁阳市人民法院民事判决书（2013）沁民崇义初字第00146号，黑龙江省宾县人民法院民事判决书（2016）黑0125民初3256号，北京市西城区人民法院民事判决书（2014）西民初字第14405号，四川省蒲江县人民法院民事判决书（2013）蒲江民初字第190号，河南省新乡市红旗区人民法院民事判决书（2015）红民一初字第1996号，安徽省合肥市包河区人民法院民事判决书（2015）包民一初字第02592号，河南省信阳市中级人民法院民事判决书（2014）信中法民终字第225号，山东省淄博市张店区人民法院民事判决书（2014）张民初字第3661号，山东省济南市中级人民法院民事判决书（2017）鲁01民终1814号，抚顺市新抚区人民法院民事判决书（2016）辽0402民初885号，安徽省芜湖经济技术开发区人民法院民事判决书（2017）皖0291民初903号，北京市海淀区人民法院民事判决书（2013）海民初字第5212号。

双方分担。

（二）对第24条适用的批判

也有观点批判第24条的适用：首先，从整个侵权法的体系角度，免责之后还课以行为人第24条，对我们整个侵权责任法建立的以过错责任、无过错责任以及免责事由的体系将会产生重大冲击。我国《侵权责任法》建立以过错责任原则和无过错责任原则无缝拼接的归责体系，如果适用第24条，法院在认定行为人的加害行为是否具有过错、是否应当适用无过错责任时，会不加审慎，会依据方便、内心偏向、人情等羁绊因素逃避适用第24条，最终将导致过错责任和无过错责任无法发挥其应有的预防损害之规范功能，软化侵权法归责原则的体系构成。[1]其次，从体育事业发展角度，如果私法规范对体育运动干预不当，可能会使体育运动本身的性质发生改变，体育运动的参加者在体育运动过程中畏首畏尾，使对抗激烈的体育项目失去观赏性，甚至会使体育运动本身丧失了其原有的激烈的对抗性、自发性和自治性，影响或阻碍了体育运动自身的发展。[2]最后，从行为人角度，过错责任原则要求有过错承担责任，当受害人证明了行为人主观具有故意或者重大过失时，课以行为人适当的责任，这是公平的；当受害人不能证明行为人主观过失时，

---

〔1〕王泽鉴：《民法学说与判例研究》（第6册），北京大学出版社2009年版，第293页。

〔2〕孔伟：《体育运动伤害案件中特别免责事由的适用——调和体育自治与私法介入冲突的手段》，载《济宁学院学报》2012年第6期，第72页。

为何又可以课以行为人适当分担损失的补偿责任，“双方均无过错，且自发组织体育运动侵权也不是无过错责任的类型，行为人被强制要求对受害人进行补偿，这只是无端地增加了受害人获得赔偿的概率，对行为人而言过于不公平。”〔1〕看似公平的第24条原则，在体育运动中的适用却暗藏着不公平。虽然我国是成文法制度，但司法实践中不同的判例不仅会带来现实的混乱，影响到国家的法制统一，而且也会带来对一类人是“公平”的，但对另一类人就是“不公平”的矛盾后果。〔2〕笔者认为这种批判与第24条的制度理念和价值追求是不符的，既然《侵权责任法》在立法层面依然肯定了第24条，那么司法实践中严格遵守该条的适用要件，裁判结果就是符合法律规定的公平判决。在体育运动中，双方肢体接触是不可避免的，双方处于高度精神紧张的对抗之中，合理冲撞也是正常合理的，是惯例所允许的，这也正是体育运动的魅力所在，在多次近距离的身体接触中，伤害行为在所难免。所以对行为人的过错认定应该适用更高的过错认定标准，即仅限于故意或重大过失，一般过错是在参与人所应容忍的正常风险范围内。故行为人在不存在故意或重大过失造成受害人损害时并不存在过错，此时并不适用过错责任；双方均不存在过错时，如果受害人的损害过于严重，而行为人虽无过错，但的确是危险的产生者，此时启动第24条，

〔1〕程啸：《论侵权行为法中受害人的同意》，载《中国人民大学学报》2004年第4期，第106页。

〔2〕汤卫东：《侵权法视角下体育运动中的人身损害责任探析》，载《体育科学》2014年第1期，第38页。

合理分配双方责任，实现法律保护弱者的功效。依此而言，第24条在体育运动纠纷中存在合理的适用空间。

三、自甘风险和第24条适用质疑的决疑

虽然自甘风险和第24条在适用时引发一些质疑之声，但这种质疑并非两项规则的致命弱点，两项规则有各自适用的空间，都从不同的角度体现民法的公平理念。但是现实生活中体育运动纠纷的情形各有不同，如果在案件中绝对“一刀切”地适用某一项规则，最终恐会引起司法不公，有违法之公平。自甘冒险和第24条在体育运动纠纷适用中虽不乏学者质疑，但其存在的衡平价值功能不可泯灭，两者为保障当事人利益目的的面向殊途同归，并非“非此即彼、非黑即白”的割裂关系，在体育运动个案纠纷中存在阶梯式适用的共存关系。通过司法实践研究，我们有理由将这些质疑决疑。

（一）自甘风险和第24条二元适用论

作为我国侵权领域主要法律的《侵权责任法》并没有对自甘冒险规则做出直接规定，这不能不说是我国立法的一个重大缺憾。[1] 立法上的缺陷并不能阻碍自甘风险在司法实践中适用的正当性。针对质疑自甘风险的观点，笔者认为，侵权法学界对自甘风险的认识还是较为一致的，那就是它可以成为一项独

〔1〕 韩衍杰：《自甘冒险规则在大众体育运动健康权侵权中的适用》，载《政法论丛》2013年第5期，第126页。

立的抗辩事由被规定在民法典之中。司法实践中也正常适用该规则处理纠纷，并没有引起较大的社会问题。有学者担忧，体育运动中经常会发生一些人身损害事故，而司法实践中则出现了同类的案件却有不同的判决结果。[1] 这种担忧追求的是司法的统一性和法律的稳定性，这也不无道理，但是这种担忧对于同类案件的认识却并没有深入一步，而仅仅是停留在体育运动损害案件，在这个层面上的同类案件并不能说明不同的判决结果就值得学术研究的担忧，因为一个个鲜活的案例看似同类实则异类，它们背后的实际情况往往是不同的，这也决定了法院在判决时会出现不同的结果。笔者认为，自甘风险和第 24 条都是体育运动纠纷的适用规则，一方面自甘风险因其惯常性而为司法实践所因袭，另一方面第 24 条因其法定性而为司法实践所严守。从自甘风险的角度而言，体育运动损害纠纷应先适用过错责任原则，当构成自甘风险时，原则上应当免除行为人责任。从第 24 条的角度而言，根据《侵权责任法》第 24 条明文规定，受害人和行为人对损害的发生都没有过错的，可以根据实际情况分担受害人的损失。法院可以根据纠纷的实际情况决定是否适用第 24 条。

这样考虑体育运动损害纠纷法律适用时，应当采纳两步走战略，第一步是判断自甘风险，第二步是适用第 24 条，这两者的法律逻辑关系是基于归责原则和价值判断的递进关系。当体

〔1〕 汤卫东：《侵权法视角下体育运动中的人身损害责任探析》，载《体育科学》2014 年第 1 期，第 34 页。

育运动中加害人无过错时，应当适用自甘风险，免除加害人的责任。正如曾立华与李逢春健康权纠纷[1]中，法院认为，原告没有证据证明其所受伤害是致残的重度损害，损害结果没有超出其所能预见和承受的风险范围，故此，本案只能按自甘风险原则处理，不能同时适用公平原则处理。这属于自甘风险适用的范围，在损害还可以为社会一般经验所接受的情况下，免除行为人责任，无需启动《侵权责任法》第24条。但当本案出现特殊的“实际情况”时，法院可以决定是否援引《侵权责任法》第24条。该条具体的判断因素应结合运动的性质、损害的程度以及双方当事人的经济状况而定。如果受害人损害程度并不大，可判令其独自承担损失；如果损害程度较大，可适用第24条原则，由双方分担损失。[2] 洪赟磊与许燕青生命权、健康权、身体权纠纷[3]中，法院认为，考虑到原告在本次伤害中受到的损失较大，由其独自承担有失公平，结合篮球活动中的伤害具有易发性及原告自甘风险等因素，本院酌定由被告对原告上述损失分担1600元。

（二）自甘风险和第24条具体适用顺序

根据案例的实证分析以及自甘风险、第24条的理论表达，

---

〔1〕 参见湖南省娄底市中级人民法院民事判决书（2016）湘13民终612号。

〔2〕 顾德祥：《体育运动伤害案件的侵权与赔偿责任——以一起游泳运动伤害案件为例》，载《武汉体育学院学报》2012年第2期，第30页。

〔3〕 参见浙江省嘉兴市南湖区人民法院民事判决书（2014）嘉南凤民初字第19号。

体育运动纠纷中两者适用的质疑是可以决疑的，两者适用的冲突是可以平衡的，具体适用的步骤是有先后顺序、层次分明的：

第一，确定本案属于自甘风险，行为人和受害人都没有过错，或者说属于意外事故，行为人无需承担过错侵权责任。

行为人主观上并没有侵害受害人的故意或者重大过失，而在自甘风险适用的案件中，过失的判断需要结合可预见规则。体育运动的特殊性即体现在内在的固有风险，根据社会一般生活经验，体育运动参与人均知悉某种体育运动的风险，其自愿加入该运动，可以推定其对这种风险的可预见且可接受。自甘风险虽不同于受害人同意，但与默示的受害人同意有异曲同工之妙。体育运动中，行为人正常的动作、合理范围的碰撞所致损害并不能说明行为人违反了必要的注意义务。一些体育运动项目属于竞技性和对抗性较强的项目，适当的身体接触在所难免，这既是这种运动特有的风险所在，也是为社会所普遍接受的，根据常理、常情和常识，结合社会生活一般经验以及自甘风险的理论表达，行为人常规性动作不属于违反注意义务的过错，行为人不需要承担过错侵权责任，或者说是基于自甘风险的免责。正如有些学者所担忧的，如果动辄课以行为人侵权责任，那么可能不利于体育事业的发展，使得竞技性体育的精彩性丧失，使得民众参与体育运动的积极性减弱。当然，从过错的事实认定角度而言，如果法院认定行为人的行为属于故意或者重大过失，则应当结合受害人自身的过失，决定适用《侵权责任法》第26条与有过失或者适用该法第6条过错侵权。

第二，考虑本案的实际情况，决定是否适用第 24 条。

在原告方遭受严重损害的情况下，按照自甘风险完全驳回其诉讼请求有违公平原则之要求。为了合理救济受害人，此时法院判决可以由双方分担损失。《侵权责任法》第 24 条为这种救济提供了制度保障，该条适用的条件包括：行为人和受害人主观上都没有过错，这点已经为上文所证明；还有本案的实际情况。一般而言，本案的实际情况包括被告行为与原告损失之间具有一定程度的因果关系、受害人死亡或者残疾给原告方造成严重的经济负担和精神痛苦、原告和被告存在共同利益或者被告为了原告利益受伤、原被告双方经济情况对比。实际情况的判断并非难题，《民法通则》颁行 30 年来，我国司法实践形成了一定的判断规律，我们有理由相信法院会做出妥适判断。唯需注意的是，在确定双方当事人分担责任的比例时，法院需要注意此虽为法官自由裁量事项，但既然是被告没有过错，原告自甘风险，公平分担损失时可以使被告分担较少损失，这样方才符合社会主义核心价值观之要求。

体育运动损害纠纷可以适用自甘风险，也可以援引第 24 条，正如有论者所言，我们需要“认真对待自甘风险规则，重视公平分担损失规则”。[1] 我国目前的保险机制不够完善，针对体育运动损害纠纷无对应的社会保障措施，因此该类型纠纷很多都诉诸法院。我们也希望着有一天体育保险的发达以至于

〔1〕 杨艳、孙良国：《未成年人运动伤害案中法律适用问题研究》，载《上海体育学院学报》2016 年第 5 期，第 50 页。

体育运动的损害纠纷无需通过法院的救济即可解决，正如学者所建议的那般，加快发展体育保险业，为受害人提供更有效的救济途径。[1]

---

〔1〕 顾德祥：《体育运动伤害案件的侵权与赔偿责任——以一起游泳运动伤害案件为例》，载《武汉体育学院学报》2012 年第 2 期，第 26 页。

第五章　合同纠纷适用《侵权责任法》第 24 条实证研究

本章提要：合同纠纷适用第 24 条的具体规则是建立在合同纠纷得以适用该条的基础之上。我们遇到的障碍首当其冲就是合同纠纷中是否可以适用该条规范。合同纠纷中也存在第 24 条所要解决的问题。我们不能否认合同纠纷对公平分担损失规则的正当需求，只有认真对待这种公平需求，严谨论证个案中的利益衡量，方才能妥善定纷止争、维护社会和谐稳定。虽然合同纠纷正当需求着公平分担损失规则，但是该条如何融贯合同纠纷中也是较为棘手的问题。合同纠纷适用第 24 条具体的解释路径是类推适用。合同纠纷援引第 24 条可以类推于无过错责任纠纷适用第 24 条的情形，类推的缘由在于两者的类似性。其一，两者均不以行为人（违约方）过错为责任要件，无过错责任中行为人即使无过错也需承担侵权责任，合同纠纷中违约方即使无过错也需承担违约责任，因为合同具有相对性。其二，两者不承担责任的情形相同，或者为因果关系的缺失，或者为免责事由的存在。其三，同为无过错归责的二者并非不存在双方过错。当行为人（违约方）证明责任不成立或者免责之后，我们不能否认该方主观无过错，结合受害人（非违约方）主观亦无过错，此时构成了第24条适用的要件一，即双方均无过错。其四，二者同样存在适用公平分担损失规则的正当需求。无论是无过错责任纠纷还是合同纠纷，当受害人（非违约方）无法通过侵权责任或者违约责任获得救济时，如果不课以行为人（非违约方）公平分担损失的补偿责任，那么对前者实质不公。通过笔者收集到的案例可见，司法实践中，法院一般首先认定合同成立并生效，这是合同纠纷适用第24条的前提要件，否则不存在适用的对象；其次，确认双方当事人主观上均无过错，这是第24条构成要件之一；再次，如果本案被告不承担过错赔偿责任或者违约责任，确定适用第24条的实际情况，具体而言，包括被告行为与原告损失之间具有一定程度的因果关系、受害人死亡给原告方造成严重的经济负担和精神痛苦、被告于原告处受有利益、原告和被告存在共同利益、原告损失客观存在且较为严重存在救济的必要性；最后，法院自由裁量双方分担损失的比例。综合而言，合同纠纷适用第24条时需要考虑的因素和步骤是：其一，应当确认合同成立、生效，这是前提性和基础性工作，因为只有合同成立生效，方得进行下一步的检验。其二，需要确定被告行为是否违约或者被告的行为是否存在免责事由。如果被告未违约或者违约存在免责事由，此时方可以考虑第24条的介入；相反，则应按照违约责任处理。其三，确定被告的行为是否客观上造成了原告的损失，此即部分案例中所言之一定程度上的因果关系，当然此种因果关系的判断标准较一般因果关系更为宽松。其四，判断被告主观心素是否是故意或过失，如果被告过错造成原告的损失，则不能适用第24条。其五，确定原告的行为对自身的损失不存在过失或故意，如果原告存在过错而被告不存在过错，原则上不应适用第24条。其六，考虑本案适用第24条的实际情况。其七，根据第24条确定双方当事人分担责任的比例，此为法官自由裁量事项，法院不得拒绝裁判。自由裁量权可谓法官的权力和责任合体，但既然是公平分担损失，被告没有过错、没有违约或有免责事由，法官可以使被告分担较少损失。

一、问题的提出——合同纠纷适用第24条的障碍

《侵权责任法》第24条是该法中较为有中国特色的条款，一定程度上体现了社会主义核心价值观的要求，符合公平正义的理念。不出意外，该条在民法典编纂之时应当会得到保留。但是学界对此条的认识不一，有学者称赞该条的公平理念，将之称为公平责任原则〔1〕；有学者担忧该条容易被滥用，他们认为，第24条在法官的判决中运用得相当广泛，甚至出现了一定程度的随意性，这种滥用会削弱过错责任，危害行为自由。〔2〕所以，在适用《侵权责任法》第24条的规定时应作目的性限缩，不应将其理解为宽泛式公平责任。〔3〕《侵权责任法》应通

〔1〕王利明：《侵权责任法研究》（上卷），中国人民大学出版社2016年版，第281页。

〔2〕窦海阳：《侵权法中公平分担损失规则的司法适用》，载《法商研究》2016年第5期，第125页；叶金强：《〈侵权责任法〉24条的解释论》，载《清华法学》2011年第5期，第41页；高留志：《〈侵权责任法〉第24条的理论操纵及其还原》，载《河南财经政法大学学报》2013年第5期，第104页。

〔3〕张金海：《公平责任考辨》，载《中外法学》2011年第4期，第773页。

过在具体侵权行为类型中适用“分担责任”来限制公平责任的适用范围。[1]《民法总则》第6条规定了公平原则，该原则要求，民事主体之间应当合理确定各方的权利和义务，人民法院在司法裁判活动中也应如此。第24条的规定可谓是《民法总则》第6条规定的具体化，此规定殊值肯认；倘若司法实践不加限制地适用该规则，则学者的担忧并非无缘由。公平分担损失规则属于《侵权责任法》规范内容，原则上只有侵权纠纷得以适用，但是司法实践中出现了较多的合同纠纷适用该规则。例如“中国农业银行股份有限公司兰溪游埠支行、中国农业银行股份有限公司兰溪市支行与吴静借记卡纠纷”“孙玉林与被上诉人沙洪伟、张云峰、关洪伟土地承包合同纠纷”“包桂军与邓媛媛修理合同纠纷”“金益仙与张志明等共同承揽合同纠纷”“龙静与郑州市公共交通总公司、原审肖海波城市公交运输合同纠纷”“裴日动与陈有祥服务合同纠纷”等[2]，这些纠纷中均援引了第24条作为裁判依据。不过也有法院明确排除了合同纠纷中援引第24条。例如，“王桂荣与武汉市公共交通集团有限责任公司

---

〔1〕王竹：《我国侵权法上“公平责任”源流考》，载《甘肃政法学院学报》2008年第2期，第38页。

〔2〕裁判文书依次是：浙江省金华市中级人民法院民事判决书（2016）浙07民终3740号，辽宁省沈阳市中级人民法院民事判决书（2013）沈中民五终字第1672号，黑龙江省七台河市中级人民法院民事判决书（2016）黑09民终122号，浙江省衢州市中级人民法院民事判决书（2015）浙衢民终字第463号，河南省郑州市中级人民法院民事判决书（2016）豫01民终12338号，浙江省义乌市人民法院民事判决书（2014）金义民初字第599号。

第二营运公司城市公交运输合同纠纷”[1] 中，二审法院否定了一审法院援引《侵权责任法》裁判的做法，“对于王桂荣的损失赔偿，可以适用侵权之诉，也可以适用合同违约之诉。根据民事诉讼中当事人自由处分的原则，王桂荣既然选择合同违约之诉，一审适用《侵权责任法》就是错误的，应予纠正。”

合同纠纷适用第24条的具体规则是建立在合同纠纷得以适用该条的基础之上。我们遇到的障碍首当其冲就是合同纠纷中是否可以适用该条规范。有学者认为，公平责任的相关制度应以类型化条款的形式出现在侵权责任法之中，[2] 第24条不具有独立适用的价值。而多数学者认为，第24条可以适用于过错责任纠纷，是在其缺失过错要件时而使双方分担损失或分担责任。[3] 分担损失规则不适用无过错责任，因为该责任不问行为人是否有过错，亦即无论加害人是否有过错均应承担侵权责任。[4] 若侵权行为不满足无过错责任的基本构成要件，则不仅不具备赔偿损失的法律依据和道义基础，而且“行为”与损害结果间的因果律也不复存在，自无公平责任适用的必要。[5] 既然多数学者认为

〔1〕 湖北省武汉市中级人民法院民事判决书（2016）鄂01民终8164号。

〔2〕 李鹏：《论我国侵权责任法的公平责任》，载《法学杂志》2010年第11期，第51页。

〔3〕 郭明瑞：《关于公平责任的性质及适用》，载《甘肃社会科学》2012年第5期，第101页。

〔4〕 侯国跃：《中国侵权法立法建议稿及理由》，法律出版社2009年版，第189页。

〔5〕 陈科：《公平责任一般条款的司法适用——以100份侵权案件判决书为分析样本》，载《法律适用》2015年第1期，第14－15页。

第24条不能适用于法律规定为无过错责任的场合；那么以无过错归责著称的违约责任，是否无适用公平分担损失规则之余地？对此，我们有必要考察司法实践中合同纠纷适用此规则的具体操作模式，反思其适用的理论依据和现实效果。

二、合同纠纷何以适用第24条——必要性之辩

合同纠纷一般以违约责任为核心，如果被告违约则需承担赔偿责任，如果不违约则无需承担责任，那么是否会存在第三种状态：被告行为不构成违约但需要承担适当的补偿责任？

（一）第24条的立法目的和规范意旨

论证合同纠纷是否可以适用第24条的必要性是合同纠纷中是否需要考虑第24条背后的立法目的和条文的规范意旨。《侵权责任法》主要协调人们的一般行为自由与受害人民事权益保护。[1] 据此，有学者对第24条的立法目的提出了善意的批判，我国法上公平责任的主要目的并非协调权益保护与行为自由的关系，而是通过模糊处理消除当事人之间的权利边界，起到维护社会稳定的作用。[2] 这种批判使得第24条与整部《侵权责任法》的理念似乎格格不入。然而，该条在司法实践中却发挥着重要的作用。截至2017年7月26日，中国裁判文书网上共有

---

〔1〕 张新宝：《侵权责任法立法研究》，中国人民大学出版社2009年版，第1页。

〔2〕 程啸：《侵权责任法》，法律出版社2015年版，第106页。

2463 件纠纷援引第 24 条作为其裁判依据。我们有必要正视该条的历史作用，重新审视该条的立法目的和规范意旨。具体而言，第 24 条的立法目的和规范意旨分别指向该条的宏观理念和微观制度。就宏观理念而言，第 24 条的内生价值在于公平与和谐。公平是社会主义法治的原则，侵权责任法必须保证实现社会公平。[1] 有些损害的发生行为人虽无过错，但毕竟由其引起，如果严格按照无过错即无责任的原则处理，受害人就要自担损失，这不仅有失公平，也不利于和谐人际关系的建立。[2] 有学者认为，公平责任原则是一种利益平衡器，有助于舒缓社会的紧张关系，促进社会和谐。[3] 就微观制度而言，第 24 条的规范意旨在于，基于公平的法律价值考量，受害人所遭受的损害确有予以适当救济的必要。[4] 此处“受害人所遭受的损害确有予以适当救济的必要”即为第 24 条所言的“实际情况”，学者一般认为，受害人所受损失是确需救济的必要因素。受害人的损害包括财产损害、人身损害和精神损害，当然，这种损害需要一定的严重程度才需救济，具体的“度”应当由法官自由把握。此外，损害程度还综合考虑其他因素，主要是双方当事人经济状况的对比，如果受害人经济状况明显优于行为人经济状况，学

〔1〕 刘士国等：《侵权责任法重大疑难问题研究》，中国法制出版社 2009 年版，第 15 页。

〔2〕 全国人大常委会法制工作委员会民法室编：《中华人民共和国侵权责任法条文说明、立法理由及相关规定》，北京大学出版社 2010 年版，第 91 页。

〔3〕 王成：《侵权责任法》，北京大学出版社 2014 年版，第 58 页。

〔4〕 何志、侯国跃主编：《侵权责任纠纷裁判依据新释新解》，人民法院出版社 2014 年版，第 83 页。

者们认为这里不存在确需适当救济的必要，也就不应当适用第24条。所以，微观层面的受害人救济应当严格限制两项要件，一项是受害人遭受损害的严重性，另一项是受害人和行为人经济状况对比显著差异。

（二）合同纠纷对第24条立法目的和规范意旨的正当需求

合同纠纷中同样存在再分配领域的公平问题，同样存在受害人救济的问题，同样存在是否适用第24条的问题。例如，孙玉林与沙洪伟、张云峰、关洪伟土地承包合同纠纷[1]中，法院首先确认被告的行为不属故意违约，不应承担违约赔偿责任；但被告的行为与原告的损害之间具有事实上的因果关系，所以根据第24条确定双方当事人之间的责任比例。又如，包桂军与邓媛媛修理合同纠纷[2]中，法院认为修理合同属于承揽加工范围，在修理过程中造成人身损害应由承揽人承担赔偿责任，包桂军自身修理产生损害后果由其自行承担。但因邓媛媛委托包桂军修理也属受益人，依据公平原则，车主邓媛媛应给付包桂军适当补偿。再如，谭某某等与江西长运有限公司公路旅客运输合同纠纷[3]中，法院认为，贺某乘坐的客车在经莲花至萍乡白竺路段因塌陷需接驳旅客，该要求系公路运输管理部门作出，被告作为该线路的营运公司应当遵照执行，因此该接驳行为不

〔1〕辽宁省沈阳市中级人民法院民事判决书（2013）沈中民五终字第1672号。

〔2〕黑龙江省七台河市中级人民法院民事判决书（2016）黑09民终122号。

〔3〕萍乡市安源区人民法院民事判决书（2016）赣0302民初111号。

能视为被告履行合同不符合约定的行为，虽然被告贺某在通过接驳路段时死亡，但并无证据证明导致死亡的原因及该路段存在安全隐患，故被告在履行客运服务合同时并无过错及违约行为。在被告不存在违约行为而双方均不存在过错的前提下，综合本案案情，根据第 24 条确定公平分担损失的比例。法律对合同违约责任规定为无过错归责原则，即当事人不履行合同义务的，应当承担违约责任，原则上不考虑其是否有过错。其背后的法理基础在于：就传统理论而言，合同成立是意思自治的具体体现，具有相对性，这与侵权领域产生的民事法律关系不同。无过错归责原则有利于促使当事人认真履行合同义务，鼓励交易双方秉持诚实，恪守承诺，保证交易安全，维护守约方的利益。值得一提的是，如果当事人一方不存在违约情形，原则上另一方不能获得任何赔偿。但是另一方的损失客观存在，其损失与一方的行为存在某种程度上的关联性，如果不对损失予以救济，则甚显不公。所以合同纠纷中也存在第 24 条所要解决的问题。我们不能否认合同纠纷对公平分担损失规则的正当需求，只有认真对待这种公平需求，严谨论证个案中的利益衡量，方能妥善定纷止争、维护社会和谐稳定。

三、合同纠纷如何适用第 24 条——可能性之辩

虽然合同纠纷正当需求着公平分担损失规则，但是该条如何融贯于合同纠纷中也是较为棘手的问题。有学者认为，公平

责任的存在无法避免地产生了与过错责任原则的论理上的矛盾。[1] 不过学者还是普遍认为，作为公平分担损失规则的第24条还是可以融入过错责任纠纷，两者并不存在实质冲突与矛盾，但学者们一般并不认可该条在无过错责任纠纷中的一般适用，甚至有学者认为，第24条本质上也是无过错责任，甚至是无过错责任的一般条款。[2] 这无疑使得第24条作为具有裁判功能的规范难以融入无过错责任纠纷，如果不跨过这条认识鸿沟，我们就无法将第24条的理念与价值引入同为无过错责任的合同纠纷。

（一）第24条与无过错责任并行不悖

针对上述学者们的观点，第24条是否可以适用于无过错责任纠纷存在的争议问题是：①第24条本质上属于无过错责任一般条款吗？或者第24条是无过错责任吗？②第24条仅仅适用于过错责任纠纷，还是可以扩张至无过错责任纠纷？笔者认为，其一，第24条与无过错责任并行不悖，并非同一层次的概念；其二，通过司法实践考察，无过错责任纠纷可以适用公平分担损失规则。

首先，第24条规范的损失分担规则不同于《侵权责任法》第7条（以下简称“第7条”）规定的无过错责任。虽然第7条

---

〔1〕 毛东恒：《“公平责任原则”构造问题的比较法研究》，载《湖南社会科学》2016年第4期，第76页。

〔2〕 叶金强：《〈侵权责任法〉第24条的解释论》，载《清华法学》2011年第5期，第36页。

不能发挥裁判功能，仅具有引致功能，但它向世人宣布：有一种责任，依据法律规定，不论行为人有无过错，都需要承担侵权责任。具体而言，第 7 条和第 24 条的区别在于：其一，两者的法律效果不同。法律规定的具体无过错责任情形下，行为人均承担完全侵权责任，除非有免责减责事由存在。第 24 条并非如此，后者的法定效果是双方分担损失而不是行为人承担全部损害赔偿，并且此条没有免责事由。其二，行为人过错的影响不同。第 7 条包含一种情形是第 24 条所不能适用的，那就是行为人具有过错。例如，产品责任中，明知产品存在缺陷仍然生产、销售的，造成他人死亡或者健康严重损害的，被侵权人有权请求相应的惩罚性赔偿。在无过错责任中，行为人具有过错的法律意义在于，惩罚性赔偿要求行为人主观状态是故意；但是第 24 条却并非如此，如果某一纠纷存在行为人主观故意，那就不能适用此条裁判。其三，两者的规范功能不同。无过错责任必须有法律特别规定才能适用，第 24 条可以作为独立的裁判依据，在受害人和行为人均无过错的情形下，法院可以根据实际情况判决双方分担损失。可见，从行为人过错、法律效果和规范功能来看，损失分担规则和无过错责任实质迥异，更勿言将第 24 条定位于无过错责任的一般条款。

其次，第 24 条可以适用于无过错责任纠纷。第 24 条的规范意旨在补偿责任，具体而言，从受害人救济角度解读，该条的补偿责任体现为行为人无侵权责任但应承担补偿责任，而不仅是行为人无过错也要承担补偿责任。根据文义解释，我们无法得出第24条仅适用于过错责任纠纷的结论，如果第24条仅适用于过错责任，那么同为侵权责任的无过错责任将与过错责任在此处的法律地位不同。为何过错责任存在损失分担的情形，而却忽视无过错责任的正当需求？扩张解释是指法律条文之文义失之过于狭窄，不足以表达立法真意，乃扩张法律条文之文义，以求正确阐释法律意义内容之一种解释方法。[1] 为了同等对待两种侵权责任形式，我们有必要将该条扩张性解释为既可以适用过错责任纠纷也可以适用无过错责任纠纷，而适用的前提并不是表面上双方当事人均无过错，而是实质上行为人侵权责任并不成立或不应承担。唯此解释，方可阐释该条的法律意义和立法者的立法目的及规范意旨。这样进行扩张解释，使得无过错责任适用该条变得更加顺畅，第24条也能发挥其应有的功效。此外，司法实践中也存在一些无过错责任纠纷适用第24条的情形。在笔者收集的案例中，主要包括监护人责任纠纷[2]、

---

〔1〕 梁慧星：《民法解释学》，法律出版社2015年版，第224页。

〔2〕 柳某某与李某某、李某甲、刘某监护人责任纠纷，陕西省靖边县人民法院民 事判决书（2015）靖民初字第02733号。刘志国、许红诉侯仕杰、肖文博、徐宁、张鑫等监护人责任纠纷，吉林省敦化市人民法院民事判决书（2016）吉2403民初3793号。彭某与刘某、刘生、孙玉娟监护人责任纠纷，山东省临朐县人民法院民事判决书（2013）临民初字第1775号。王鹏诉王金鑫、王光辉、宋伟监护人责任纠纷，河南省信阳市平桥区人民法院民事判决书（2015）平民初字第439号。黄加兴、何美春诉被告罗某、林某、李某等监护人责任纠纷，广西壮族自治区那坡县人民法院民事判决书（2014）那民一初字第605号。许某榕与象山县丹城第二中学、张某天、张瑞龙教育机构责任、监护人责任纠纷，浙江省宁波市中级人民法院民事判决书（2014）浙甬民一终字第665号。潘佳运与林瑞祺等监护人责任纠纷，江西省新余市中级人民法院民事判决书（2015）余民一终字第94号。

产品责任纠纷[1]、环境污染责任纠纷[2]、饲养动物损害责任纠纷[3]。在 7 则监护人责任纠纷中，法院适用第 24 条考虑的实际情况是事件发生的起因，一般是行为人和受害人的共同行为，包括玩耍、游戏等。当然也会考虑受害人的损失大小、邻里关系和睦等因素。4 则产品责任纠纷给我们的启发是：无过错责任纠纷中适用第 24 条的前提之一是，本案原告未能举证证明产品存在缺陷，且未能证明缺陷产品造成自己的损害，即因果关系证明缺失，这就使得原告丧失胜诉的机会。但是法院认为，原告遭受损害的情况客观真实，被告产品与原告损害之间存在可能的因果关系，再结合本案实际情况，由双方当事人分担损失。而适用第 24 条的事由有：受害人遭受重大人身损害、行为人于

---

〔1〕 蔡福荣与浙江金首水泥有限公司、李仁庆、冯如根产品责任纠纷，浙江省杭州市中级人民法院民事判决书（2016）浙 01 民终 5489 号。廖斌与耒阳市红焰烟花爆竹批发有限责任公司、胡慧英、王香兰、黄晓成、浏阳市戴氏烟花制造厂、浏阳市关口永兴花炮厂产品责任纠纷，湖南省衡阳市中级人民法院民事判决书（2015）衡中法民四终字第 306 号。胡文慧与如新（中国）日用保健品有限公司、如新（中国）日用保健品有限公司北京分公司产品责任纠纷，北京市第三中级人民法院民事判决书（2016）京 03 民终 9707 号。赵礤妮与郑喜法产品销售者责任纠纷，河南省郑州市中级人民法院民事判决书（2014）郑民二终字第 680 号。

〔2〕 翟合清与河北胜宝制管有限公司、霸州市天利制管有限公司环境污染责任纠纷，河北省廊坊市中级人民法院民事判决书（2016）冀 10 民终 705 号。

〔3〕 李炳贺与张勇、马奎英饲养动物损害责任纠纷，北京市丰台区人民法院民事判决书（2014）丰民初字第 16018 号。孙亚林诉陈学友饲养动物损害责任纠纷，贵州省兴义市人民法院民事判决书（2014）黔义民初字第 929 号。顾正里与孙双桥饲养动物损害责任纠纷，云南省曲靖市中级人民法院民事判决书（2015）曲中民终字第 71 号。陈长玲与张泽亮饲养动物损害责任纠纷，陕西省延安市中级人民法院民事判决书（2015）延中民一终字第 00464 号。张正妹与孙道芸饲养动物损害责任纠纷，江苏省常州市中级人民法院民事判决书（2014）常民终字第 2294 号。

受害人处或有利益、原被告经济条件对比等。唯一的环境污染责任纠纷中，法院认为本案构成事实上的侵权责任，但是存在不可抗力等免责事由，此时应当免除行为人责任，考虑到双方当事人均无过错，根据实际情况，例如受害人损失等，判决受害人和行为人分担损失。本案给我们的启发是：无过错责任纠纷中适用第24条的前提之一是，本案构成事实上的侵权责任，但存在免责事由，依法免除行为人侵权责任；但是考虑到双方当事人均无过错，以及本案的实际情况，完全免除行为人责任于受害人实为不公，所以法院基于公平的考量，由双方当事人分担损失。饲养动物损害责任纠纷给我们的启发如同产品责任纠纷一般，如果原告未能证明因果关系存在，法院根据实际情况可以分担损失。由此可见，第24条在无过错责任纠纷的司法实践中偶有适用，且并没有发生如同学者担忧的那般滥用，应当肯定该条是可以“独立适用的补充性损失分担规则”[1]。这十几则无过错责任纠纷适用第24条的前提是：本案不构成具体无过错责任，要么是因为缺失因果关系，要么是因为存在免责事由。在此前提之下，法院确认行为人不承担无过错侵权责任，即无需完全赔偿。而此时行为人主观无过错，法院考虑到受害人主观也无过错，符合第24条的构成要件之一——行为人和受害人均无过错；然后结合本案的实际情况，例如受害人受损较为严重、行为人于受害人处受有利益、行为人开启危险、当事

〔1〕 曹险峰：《论公平责任的适用》，载《法律科学》2012年第2期，第104页。

人之间的经济状况对比、产品与损害之间确实存在某种关联，等等，最终判决双方当事人分担损失。

最后，无过错责任纠纷适用第 24 条的具体适用步骤是：第一步，判断行为人是否构成侵权责任。无过错责任中，原告无证据证明自己的损害与被告的行为之间存在因果关系或者被告方证明免责事由的存在时，方能考虑下一步。如果构成侵权责任，本案应当按照具体无过错侵权责任处理。第二步，判断受害人是否有过错。适用第 24 条的前提要件是双方当事人对损害的发生均无过错，如果受害人有过错，则不满足该条适用的前提要件；如果受害人也没有过错，方能考虑下一步。第三步，判断本案是否存在适用第 24 条的实际情况。如果不存在，则不可以适用；如果存在，方能考虑如何分担损失。而判断具体案件中适用第 24 条的实际情况应由法官依其法律知识和生活常识作出具体判断，立法和理论研究只能为其提供考量的因素。不同的法官关于某一因素是否是适用事由的判断很可能是不同的，如果一审法院法官和二审法院法官关于某一因素是否是适用事由的认识不同时，我们不能据此轻易认定一审法院的判决属于错案。具体而言，无过错责任纠纷中考虑的具体事由有：受害人和行为人共同行为、受害人遭受的人身损失和财产损失、行为人于受害人处受有利益、行为人与受害人经济状况对比、人道主义等。第四步，确定分担损失的比例。当适用第 24 条的构成要件均已具备的情形下，我们最后需要确定分担损失的比例。因为被告无过错、其行为与原告损害之间往往没有因果关系或具有免责事由、第24条更多的是从人道主义角度由被告适当补偿原告，所以，在确定比例时不宜使被告分担较大比例的损失。

（二）第24条引入合同纠纷的解释路径——类推适用

当确定无过错责任可以适用该条、合同纠纷具有适用第24条的必要性之后，我们就需要进一步论证如何将侵权法规范引入合同纠纷中。综观合同法，并没有具体条文赋予法官适用公平分担损失规则处理当事人之间的合同纠纷。那么，我们又该如何将第24条妥善引入合同纠纷之中？笔者认为，当合同法出现漏洞时，按照梁慧星教授的观点，依法理补充法律漏洞。〔1〕而合同纠纷适用第24条具体的解释路径是类推适用。拉伦茨也认为，填补开放的漏洞，通常是以类推适用，或回归法律所包含的原则之方式行之。〔2〕结合本情事，我们可采类推适用方法援引第24条。此种类比适用又称为制定法的类比，从某一条文出发，并从这个规范中抽取出一个可适用到相似案件上的基本思想。〔3〕

类推适用是指在相应的法律没有明文规定的情况下，可以比照最相似的案件适用相关法律规定。逻辑学上，类比推理原理的可靠程度是建立在两个事物相同属性之间相关程度的基础

〔1〕梁慧星：《民法解释学》，法律出版社2015年版，第274页。

〔2〕［德］卡尔·拉伦茨：《法学方法论》，陈爱娥译，商务印书馆2003年版，第258页。

〔3〕郑永流：《法律方法阶梯》，北京大学出版社2012年版，第170页。

之上的。[1] 类推适用得以适用的逻辑是：为了实现一个在法律上站得住脚的类比推理，需要证明，法律没有规定的特殊性，与存在着规定的特殊性，共同具有那种法律规定基于之上的要素。[2] 将法律针对某构成要件或多数彼此相类的构成要件而赋予之规则，专用于法律所未规定而与前述构成要件相类的构成要件，从而将二者作相同的评价。[3] 可见，合同纠纷援引第24条可以类推于无过错责任纠纷适用第24条的情形，类推的缘由在于两者的类似性。进一步而言，即需判断类推适用中的类似性。类推适用类似性的判断需要结合适用情形和立法目的及规范意旨。适用情形的类似是指待决案件中的事实与法律既有规定中构成要件具有类似性；立法目的和规范意旨考量是指既有法律规则的立法目的可以适用于待决案件的调整。[4] 具体类推适用的方法是：首先积极地确定，在所有这些观点上，待判的案件事实与法律上已规定者均相一致；然后是消极地确定，两者间的不同之处不足以排斥此等法定评价。[5] 结合无过错责任纠纷和合同纠纷，我们会发现两者的类似性如下：其一，两者

〔1〕 王利明：《法律解释学》，中国人民大学出版社2011年版，第225页。

〔2〕［德］卡尔·恩吉施：《法律思维导论》，郑永流译，法律出版社2014年版，第180页。

〔3〕［德］卡尔·拉伦茨：《法学方法论》，陈爱娥译，商务印书馆2003年版，第258页。

〔4〕 王利明：《法律解释学》，中国人民大学出版社2011年版，第226－227页。

〔5〕［德］卡尔·拉伦茨：《法学方法论》，陈爱娥译，商务印书馆2003年版，第258页。

均不以行为人（违约方）过错为责任要件，无过错责任中行为人即使无过错也需承担侵权责任，合同纠纷中违约方即使无过错也需承担违约责任，因为合同具有相对性。其二，两者不承担责任的情形相同，或者为因果关系的缺失，或者为免责事由的存在。笔者收集的合同纠纷适用第24条的案例中，存在不可抗力免责的纠纷，最后法院依据第24条判决。例如，永顺县电力公司与瞿继海、肖澈供用电合同纠纷[1]中，一审法院认为因天气原因造成停电属于不可抗力范畴，根据《电力法》第60条第2款规定可以免除电力公司责任；此外，被告也积极履行及时抢修义务，并不违反法律，不存在过错。本案中两原告确因被告的停电行为造成了一定的损失，根据第24条，原告作为受损方，被告作为行为方，在对损害的发生均不存在过错的情况下，应由原、被告双方适当分担原告因停电造成的损失。在无过错责任纠纷中也存在不可抗力免责之后适用第24条的纠纷。例如“翟合清与河北胜宝制管有限公司、霸州市天利制管有限公司环境污染责任纠纷”[2]，法院认为本案构成事实上的侵权责任，但是存在不可抗力等免责事由，此时应当免除行为人责任；考虑到双方当事人均无过错，根据实际情况，判决受害人和行为人分担损失。其三，同为无过错归责的二者并非不存在双方过错。当行为人（违约方）证明责任不成立或者免责之后，

[1] 湖南省湘西土家族苗族自治州中级人民法院民事判决书（2014）州民二终字第82号。

[2] 河北省廊坊市中级人民法院民事判决书（2016）冀10民终705号。

我们不能否认该方主观无过错，结合受害人（非违约方）主观亦无过错，此时构成了第 24 条适用的要件——双方均无过错。其四，二者同样存在适用公平分担损失规则的正当需求。无论是无过错责任纠纷还是合同纠纷，当受害人（非违约方）无法通过侵权责任或者违约责任获得救济时，如果不课以行为人（非违约方）公平分担损失的补偿责任，那么对前者实质不公。适当的补偿责任更符合再分配领域的分配正义，于受害人救济、社会和谐稳定具有一定的积极意义。综上，合同纠纷类比于无过错责任纠纷适用第 24 条具有其正当性基础。

（三）司法实践中合同纠纷适用第 24 条观察

从请求权基础角度而言，如果一个案件的请求权基础在于合同，即一方当事人主张另一方当事人存在违约，那么，在法院认定另一方当事人非为违约的情形下，是否可以适用第 24 条由双方当事人分担损失？在本书研究的案例中，只有“王桂荣与武汉市公共交通集团有限责任公司第二营运公司城市公交运输合同纠纷”[1] 中，二审法院否定了一审法院援引《侵权责任法》裁判的做法，“对于王桂荣的损失赔偿，可以适用侵权之诉，也可以适用合同违约之诉。根据民事诉讼中当事人自由处分的原则，王桂荣既然选择合同违约之诉，一审适用《侵权责任法》就是错误的，应予纠正。”除本案之外，其他的案件中，二审法院均认可了一审法院援引《侵权责任法》作为裁判依据。

〔1〕 湖北省武汉市中级人民法院民事判决书（2016）鄂 01 民终 8164 号。

笔者认为，原则上，以合同纠纷诉请法院，应当以《合同法》作为裁判依据，但是并不能据此完全否认《侵权责任法》对合同纠纷的渗透，否则将会有失公允。《合同法》追求意思自治或曰私法自治，《侵权责任法》追求对人的保护，侵权法也称权利保障法。在合同纠纷中适用《侵权责任法》并不是为了限制当事人的私法自治，而是为了保护一方当事人的合法权益。所以，这些案例最主要考量的因素是公平。本书研究的这些案例中，人民法院均体现出这样的法感情，虽然双方当事人均无过错，但一方给予受损害方适当的补偿是符合公平理念的。法院并没有直接适用《合同法》第 5 条，而是选择适用第 24 条，因为后法明确规定了公平分担损失规则适用的构成要件，可谓公平原则的具体化，这反映了这些法院严谨的法律逻辑思维和庄重的公平正义精神。所以，合同纠纷中适用《侵权责任法》无可厚非。

截至 2017 年 7 月 26 日，笔者在中国裁判文书网以“《侵权责任法》第 24 条”作为关键词搜索案件，显示 2463 个结果，笔者选取判决书作为本书的研究文本，结果为 2129 个。笔者再从这些结果中检索合同纠纷，最后显示 48 个合同纠纷中出现了《侵权责任法》第 24 条。经过笔者阅读比较，排除并非援引该条作为裁判依据的案件，排除一审、二审重复的案件（笔者将 12 则含有一审、二审判决书的案件视为一个样本），排除网页重复的案件等不恰当的案例，最后 19 则纠纷进入本书的研究视野。笔者相信司法实践中必然存在更为多数的合同纠纷适用该条规则，但详细研究这19则案例，也能发现其中存在的一些必然和偶然。经过观察总结，笔者搜集的这19则案例中，援引第24条的案例有18则，其中有3则案例属于笔者认为虽援引但实质上并不应适用该条的案例；另外1则案例中一审援引该条作为裁判依据，二审否认了一审的裁判，此案本不属于本书研究范畴，但因其一审援引第24条，具有一定的启发意义，所以一并研究。

1. 合同纠纷中援引第24条的裁判原旨和裁判思维分析

在笔者搜集的案件中，合同纠纷中援引第24条的案例有15则，主要集中五大类合同纠纷案由：①银行卡纠纷；②农村土地承包合同纠纷；③承揽合同纠纷；④运输合同纠纷；⑤服务合同纠纷。

第一，银行卡纠纷。吴静案[1]中，首先，法院确定合同成立、生效。原告在被告处办理银行卡后，原、被告之间的储蓄存款合同关系即已成立，被告的义务是保证原告存款安全。其次，确定银行卡被盗刷属于银行违约行为但银行并无过错。再次，确认原告对于银行卡被盗刷并无过错。最后，基于公平分担损失规则，确定原告应当承担一定比例的责任。本案的实际情况是，双方行为对损害的发生均具有一定程度的因果关系。

第二，村土地承包合同纠纷。案例一孙玉林案[2]中，首先，

〔1〕 浙江省金华市中级人民法院民事判决书（2016）浙07民终3740号。

〔2〕 辽宁省沈阳市中级人民法院民事判决书（2013）沈中民五终字第1672号。

法院确认合同成立、生效。双方签订的合同为有效合同，应受法律保护。其次，确认被告的行为确实造成了原告的损失。再次，确认被告的行为虽属违约但主观并没有过错，不承担违约责任。孙玉林的耕种行为不属故意违约，不应承担违约赔偿责任。最后，根据第24条确定双方当事人之间的责任比例。本案的实际情况是，原告遭受损失，被告的行为与原告的损害之间具有一定因果关系。案例二杨守庄案[1]中，首先，法院确认合同成立、生效。杨守庄与陕县园艺场签订的苹果园承包合同应认定为有效合同。其次，确定原告有损失，被告行为客观上造成原告损失。再次，确认原告与被告均无过错和违约行为。最后，根据第24条分担损失。被告给杨守庄造成的损失客观存在，陕县园艺场作为发包受益人，应当依照公平原则对杨守庄的损失予以分担。本案的实际情况是，被告客观上造成了原告损失，被告于原告处受有利益。

第三，承揽合同纠纷。案例一包桂军案[2]中，首先，法院认为，包桂军与邓媛媛形成委托修理合同关系。其次，法院认为在修理过程中造成人身损害应由承揽人承担赔偿责任，包桂军自身修理产生损害后果由其自行承担。再次，包桂军对损害的发生无过错，邓媛媛对损害的发生亦无过错。因邓媛媛委托包桂军修理也属受益人，依据公平原则，车主邓媛媛应予给付包桂军适当补偿。本案的实际情况是，合同一方当事人于另一

〔1〕 河南省三门峡市中级人民法院民事判决书（2014）三民终字第1348号。

〔2〕 黑龙江省七台河市中级人民法院民事判决书（2016）黑09民终122号。

方当事人处受有利益。案例二金益仙案[1]中，首先，法院确定原被告双方当事人均无过错。其次，确定共同利益存在，原告金益仙与被告张水林等人共同承揽存在共同利益。最后，法院认为，原告金益仙在从事为各共同承揽人获利的工作中受伤，应适用第24条，各承揽人应对其进行补偿。本案的实际情况是，双方当事人拥有共同利益。案例三刘江案[2]中，首先，法院认定被告和原告成立承揽合同关系；其次，原告在完成承揽工作的过程中不慎摔伤造成自身损害，被告对损害结果的发生并无过错，不应承担赔偿责任。最后，鉴于原告损失已实际发生，且被告为工程受益人，依据公平原则，被告适当分担原告各项经济损失。本案的实际情况是，原告的损失实际发生，被告于原告处受有利益。

第四，运输合同纠纷。案例一赵长江案[3]中，首先，法院确认当事人之间的合同成立、生效，原告为被告从事运输活动，其双方运输合同关系成立。其次，确定公平分担损失的事由，双方均为受益者，造成赵长江伤残这一事实存在。最后，依据第24条，被告分担原告部分损失。本案的实际情况有二，一是共同利益，二是原告残疾事实客观存在。案例二龙静案[4]中，首先，法院确定双方当事人均无过错，此次事故经公安交警部门处理，认定龙静与肖海波均无违反交通安全法律法规的过错，

〔1〕浙江省衢州市中级人民法院民事判决书（2015）浙衢民终字第463号。

〔2〕天津市蓟县人民法院民事判决书（2016）津0225民初9121号。

〔3〕河南省驻马店市中级人民法院民事判决书（2014）驻民一终字第300号。

〔4〕河南省郑州市中级人民法院民事判决书（2016）豫01民终12338号。

各方均无责任。其次，决定适用第 24 条。本案的实际情况是，被告于原告处受有利益。案例三谭某某案[1]中，首先，法院确定合同成立、生效。双方形成了合法、有效的客运合同关系，被告负有按约定期间、约定路线将乘客安全运输至约定地点的义务。其次，确定被告的行为并无过错也无违约情形。最后，在被告不存在违约行为而双方均不存在过错的前提下，综合本案案情，确定公平分担损失的比例。本案的实际情况有二，受害人死亡，被告于原告处受有利益。

第五，服务合同纠纷。案例一尚国恒案[2]中，首先，法院确定受害人的死亡与被告的经营管理行为之间不存在因果关系，被告不承担过错赔偿责任。其次，确定本案适用第 24 条的实际情况是受害人死亡，被告应从道义上做到对死者亲属的人文关怀，且被告履行旅店服务合同中存在一定的收益。最后，根据第 24 条，被告应对尚文忠的死亡予以适当补偿。本案的实际情况有二，受害人死亡，被告于原告处受有利益。案例二裴日动案[3]中，首先，法院认定原被告均无过错。其次，法院认为，从平衡双方当事人利益出发，根据公平原则，本案由原、被告分担损失为宜。本案的实际情况是，被告受有利益。案例三张明艳案[4]中，法院认为原告和被告均无法证明对方有过错，根据实际情况，由双方分担损失。本案的实际情况是，被告于原

〔1〕 萍乡市安源区人民法院民事判决书（2016）赣 0302 民初 111 号。

〔2〕 河南省驻马店市中级人民法院民事判决书（2014）驻民一终字第 235 号。

〔3〕 浙江省义乌市人民法院民事判决书（2014）金义民初字第 599 号。

〔4〕 天津市南开区人民法院民事判决书（2015）南民初字第 5611 号。

告处受有利益。案例四王洪波案[1]中，首先，法院认定受害人与被告之间成立劳务合同。其次，确定被告对受害人的死亡无过错。最后，确定第24条的适用事由，死者在被告处上班死亡，被告作为受益人应当给予两原告适当经济补偿。本案的实际情况是，被告于原告处受有利益。案例五王家道案[2]中，首先，法院认定，死者的死亡属于意外事件，死者和被告均无过错。其次，考虑适用第24条的实际情况是被告系受害人工作的受益人，应分担事故的部分损失。本案的实际情况是，被告于原告处受有利益。案例六刘敏案[3]中，法院认为，受害人在雇佣活动中死亡，双方均无证据证明对方对损害的发生存在过错，但受害人的死亡与工作有一定的关系，被告作为劳务接收方是受益者，根据公平原则，被告分担原告损失。本案的实际情况是，受害人死亡，且被告受益。

综合这些案例，首先，法院一般先认定合同成立并生效，这是合同纠纷适用第24条的前提要件，否则不存在适用的对象；其次，确认双方当事人主观上均无过错，这是第24条构成要件之一；本案被告不承担过错赔偿责任或者违约责任，再次，确定适用第24条的实际情况，具体而言，包括被告行为与原告损失之间具有一定程度的因果关系、受害人死亡给原告方造成严重的经济负担和精神痛苦、被告于原告处受有利益、原告和

〔1〕河北省唐山市中级人民法院民事判决书（2015）唐民一终字第819号。

〔2〕海口海事法院民事判决书（2014）琼海法商初字第88号。

〔3〕广东省广州市中级人民法院民事判决书（2016）粤01民终18543号。

被告存在共同利益、原告损失客观存在且较为严重存在救济的必要性；最后，法院自由裁量双方分担损失的比例。笔者收集的案例中，适用第24条一般分为三个步骤，第三步判断实际情况是最重要的，这是引入公平分担损失的必要性和正当性条件。实际上，首先，每个案例中最为重要的实际情况是：原告遭受严重的损失而不得不救济。这是无需法院特别指明的，一旦法院决定适用第24条，那么法官内心是确信原告损失的严重性的。当然，原告的损失包括财产损害、人身损害和精神损害。例如，赵长江案中，受害人残疾，人身损害较为严重；尚国恒案、王家道案、刘敏案中，受害人死亡给其近亲属带来了巨大的精神痛苦。其次，虽然笔者收集的案例中，仅有吴静案和孙玉林案的法院阐明了一定程度的因果关系存在，但大部分案件是存在事实上的因果关系，只不过法院并未指明，这是因为这种因果关系并非理论上的相当因果关系，而仅仅是一种事实上的联系。如果一个案件不存在任何可以让法官将原被告联系起来的实际情况，那么法院也不会考虑公平分担损失。最后，法院会综合考虑合同纠纷中被告的受益情况，杨守庄案、包桂军案、刘江案、龙静案、谭某某案、尚国恒案、裴日动案、张明艳案、王洪波案、王家道案、刘敏案中，法院均明确被告人于受害人处受有利益，所以应当适当补偿。还有些案例法院并不是说被告受有利益，而是采用了另一种论证思维——原告为了原被告双方当事人的共同利益而受有损害，所以应当适当补偿，例如金益仙案和赵长江案。笔者收集的这些合同纠纷中，法院并未明示原被告经济情况的对比，然而我们可以从法院对于受害人损失的认证和被告受有利益的说明中观察出法院对于当事人双方经济状况的对比。通过对这些案例具体裁判思维的观察，我们发现法院在适用第 24 条时采用了上文所述的类推适用漏洞补充方法。当然，这种类推适用的基石是将第 24 条扩张解释以适用至无过错责任领域。合同纠纷类比无过错责任纠纷和过错责任纠纷，我们会发现法院裁判的前提价值判断是：受害人遭受损失较为严重应当获得相应的救济。合同纠纷中，既然存在一方损失不得不救济的情形，那么首先，法院会考虑违约责任救济，这与侵权责任纠纷首先考虑侵权责任救济是一致的。其次，当法院认为违约责任不存在的情况下，法院就会进退两难：一方面不能通过违约责任救济一方当事人；另一方面又不能完全驳回当事人的诉讼请求，这样可能不符合公平理念的要求，也可能有违社会稳定秩序之要求。最后，法院类推侵权责任法适用第 24 条做出公平分担损失的判决。这种类推适用有其合理性，殊值肯定。

2. 虽援引但不应适用第 24 条的案例分析——与有过失的介入

经仔细阅读和研判，笔者认为有三则案例虽援引但属于不应适用第 24 条的案例。涉及的案由包括：运输合同纠纷、服务合同纠纷和买卖合同纠纷。

第一，运输合同纠纷。王桂荣案[1]中，首先，法院确认合

〔1〕 湖北省武汉市中级人民法院民事判决书（2016）鄂 01 民终 8164 号。

同成立、生效。原告与被告形成客运合同关系。其次，原告对于自身的安全未尽到谨慎的注意义务，应对自己摔伤后果的损失承担主要责任。再次，确认被告未完全尽到安全保障义务，对原告的损失应承担次要责任。最后，根据第24条，由双方当事人分担损失。法院酌定原告承担部分责任并无不妥，但原被告均存在过错，法律依据却是第24条似有不妥。

第二，服务合同纠纷。吴继红案[1]中，首先，法院认为原告与被告签订的合同是有效合同。其次，原告在乘坐快艇时，对于自身的安全未尽到谨慎的注意义务，应对自己摔伤后果承担主要责任。再次，被告虽已履行了安全保障的告知义务，但在旅游过程中，尚未完全尽到安全保障义务，对原告摔伤后果应承担次要责任。最后，法院援引了第24条裁判。原告未尽到谨慎的注意义务，被告未完全尽到安全保障义务，缘何有过错的双方当事人需要公平分担损失？

第三，买卖合同纠纷。中宁县杞乡黄河石材开发有限公司案[2]中，首先，法院认为原被告签订的合同为有效合同。虽然被告供给原告的板锤不具备产品应当具备的使用性能，但原告在操作过程中为便于安装，在板锤表面焊接钢筋，该行为与板锤破裂是否具有因果关系的可能性亦无法排除，故原告对于板锤破裂亦具有一定过错。其次，法院援引第24条裁判。原告对

---

〔1〕 湖北省武汉市江岸区人民法院民事判决书（2015）鄂江岸民商初字第01728号。

〔2〕 河南省郑州高新技术产业开发区人民法院民事判决书（2014）开民初字第5365号。

于板锤破裂亦具有一定过错，既然原被告都有过错，那么何以援引第 24 条？

这三则案例，法院一方面认定双方当事人均有过失，原告对于自身的安全未尽到谨慎的注意义务，被告也未完全尽到安全保障义务；另一方面又援引第 24 条裁判。主次责任划分的结论虽然正确，但是法律依据却存疑未定，因为第 24 条适用的要件之一是双方当事人对损害的发生均无过错，而法院既然认定双方主观均有过错，缘何适用第 24 条？笔者认为，根据法院对事实的认定和对双方当事人主观过错的判断，这三则纠纷有滥用公平名义之嫌；当债权人和债务人对债权人损害的发生均有过错时，可以减轻债务人的责任，这三则案件符合与有过失的要件，应按照与有过失规则处理。这也表明，在合同纠纷中不能过度扩大第 24 条的适用，只有符合该条的适用条件时才可援引。

3. 一审适用第 24 条、二审予以改判的案例

在笔者搜集的案例中，还有一则案例一审适用了第 24 条，但是二审却否认了一审的裁判。在永顺县电力公司与瞿继海、肖澈供用电合同纠纷[1]中，一审的裁判思维是：首先，确定双方当事人之间形成了事实上的供用电关系，确定被告应当履行合同内容，但事实上被告并没有履行合同内容，被告存在违约行为。其次，判断违约行为是否存在免责事由。法院认为因天

〔1〕 湖南省湘西土家族苗族自治州中级人民法院民事判决书（2014）州民二终字第 82 号。

气原因造成停电属于不可抗力范畴，根据《电力法》第60条第2款规定，可以免除电力公司责任。此外，被告也积极履行及时抢修义务，并不违反法律，不存在过错。最后，考虑适用第24条。本案中两原告确因被告的停电行为造成了一定的损失，根据第24条，原告作为受损方，被告作为行为方，在对损害的发生均不存在过错的情况下，应由原、被告双方适当分担原告因停电造成的损失。简约而言，一审的逻辑是：违约—不可抗力免责—公平分担损失。二审法院认为本案不属于不可抗力免责，原被告双方均存在过错，应适用与有过失规则处理。本案实质上并不属于第24条适用的案例，而是确定不可抗力情形的案例。但二审法院的判决给我们的启示是：合同纠纷适用第24条的前提是，一方当事人的违约行为不具有过错且不具有可归责性。如果本案二审也认定天气原因属于不可抗力，则被告的行为将会构成违约但可免责，此时方得考虑被告的行为与原告的损失之间具有事实因果关系或者被告受有利益等事由。

四、合同纠纷适用第24条的条件和步骤

既然合同存在适用第24条的正当需求，且通过类推适用可以将第24条嵌入合同纠纷，那么合同纠纷适用的第24条的具体条件和步骤又是为何？

（一）合同纠纷中适用第24条的条件

1. 合同纠纷适用第24条之特别要件

为了防止合同纠纷中第24条被滥用，司法实践有必要对其

适用做出适当限制，而此限制手段或方法正是构成要件的限定。如果不严格遵循构成要件的限制，则有滥用公平分担损失规则之嫌。例如前文援引的案例，王桂荣与武汉市公共交通集团有限责任公司第二营运公司城市公交运输合同纠纷，吴继红诉湖北省海外旅游（集团）有限公司旅游合同纠纷，中宁县杞乡黄河石材开发有限公司与郑州鼎盛工程技术有限公司买卖合同纠纷。这三则案例双方当事人均存在过错，实质应依与有过失规则处理，笔者对这三则案件适用第 24 条不敢苟同。综合以上适用第 24 条的案例，笔者认为，合同纠纷中适用第 24 条也需要满足该条的构成要件，但还需要满足一项具有合同特色的构成要件，那就是合同纠纷本身不构成违约责任。正如前文笔者分析所言，第 24 条适用的前提要件是行为人行为不构成侵权责任，而不仅仅是过错与否的判断问题。只有行为人行为不构成侵权责任，或者侵权责任不成立，或者侵权责任不承担，此时才考虑双方当事人的过错与否问题。结合合同纠纷的特殊性，其适用第 24 条也应当满足这样的特殊要件。具体而言，总结前引具体个案中的合同纠纷，我们也会发现两种情形下一方当事人不承担违约责任：一种是行为人行为不构成违约，即违约责任不成立，往往这样的纠纷缺失违约中的因果关系要件；另一种是违约方虽违约但具有正当的免责事由，如不可抗力等，此时虽构成违约责任，但因正当事由而免于承担。此两种情形均能形成一方当事人不承担违约责任的法律效果。

2. 合同纠纷适用第 24 条之一般要件

合同纠纷适用第 24 条还需满足本条独有的构成要件。根据该条规定，受害人和行为人对损害的发生都没有过错的，可以根据实际情况，由双方分担损失。该条确定的核心构成要件有二：其一，受害人和行为人对损害的发生都没有过错，但是仅有该要件并不能适用该条规定，还需要结合“实际情况”要件。在前引案例中，有些法院直接在说理部分明确表示，因为原被告双方当事人均无过错，所以适用《侵权责任法》第 24 条，例如龙静案、肖海波案、谭某某案、张明艳案。如果双方当事人具有过错，则应当按照与有过失分担损失而不能适用公平分担损失规则，以免造成对第 24 条的滥用，有违赔偿责任和补偿责任的二阶层理论。例如前引案例王桂荣案、吴继红案、中宁县杞乡黄河石材开发有限公司案，这三则案例应当适用与有过失规则。其二，考虑适用第 24 条的具体“实际情况”，应当肯定的是，正如上文所言，每则纠纷均考虑了受害人损失这个实际情况。另外还主要考虑两个更为细致的情况，或为“行为人的行为与损害之间具有事实因果关系”，或为“被告于原告处受有利益”。有的法院直接表明事实因果关系的存在是适用第 24 条的事由，虽然行为人无过错，但是其违约行为客观上造成了原告的损失，例如吴静案、孙玉林案。有的法院直接表明，因为被告获有利益，所以应当适当补偿原告，例如杨守庄案、包桂军案、金益仙案、刘江案、赵长江案、尚国恒案、裴日动案、王家道案、刘敏案。对于这两种事由，有时可以清晰区分，有时二者又是混为一体，甚难辨别。我们很难说在受有利益的纠纷中就不存在事实因果关系，只是法院并未刻意强调，司法实践认为两种事由只要满足其一即可。

（二）合同纠纷中适用第 24 条的步骤

合同法以无过错责任为主要归责原则，故合同纠纷中对公平分担损失规则的类推适用应该谨慎，以防止动摇合同法无过错责任原则的法理根基。司法实践中应在具体案件中根据以下思路明晰该规则适用的前提，只有各项要件均符合的情形下，方能将第 24 条作为裁判依据，以实现个案正义。综合上述每则案例独有的裁判思维和合同纠纷适用的三项要件，合同纠纷适用第 24 条时需要考虑的因素和步骤是：第一步，应当确认合同成立、生效，这是前提性和基础性工作，因为只有合同成立、生效方得进行下一步的检验。第二步，需要确定被告行为是否违约或者被告的行为是否存在免责事由，如果被告未违约或者违约存在免责事由，此时方可以考虑第 24 条的介入；相反，则应按照违约责任处理。永顺县电力公司与瞿继海、肖澈供用电合同纠纷给予我们这样的启示。此外，吴静案中，法院也认为银行卡被盗刷属于银行违约行为但银行并无过错，不承担违约责任。孙玉林案中，法院认为被告的行为虽属违约但主观并没有过错，不承担违约责任。第三步，确定被告的行为是否客观上造成了原告的损失，此即部分案例中所言之一定程度上的因果关系，当然此种因果关系的判断标准较一般因果关系更为宽松。如果被告的行为并未造成原告的损失，被告的行为与原告的损失根本没有任何可以让人联想的因素，则没有适用第 24 条的必要性；如果被告的行为造成了原告的损害，则考虑下一步。第四步，判断被告主观心素是否是故意或过失，如果被告的过错造成原告的损失，则不能适用第 24 条，因为该规则的要件之一是双方当事人主观均无过错，此时可能适用与有过失规则或者完全赔偿责任。王桂荣案、吴继红案、中宁县杞乡黄河石材开发有限公司案均给我们这样的启发，如果法院认定双方当事人均有过错，应当按照与有过失处理而非援引第 24 条作为裁判依据。第五步，确定原告的行为对自身的损失不存在过失或故意，如果原告存在过错而被告不存在过错，原则上不应适用第 24 条。第六步，考虑本案适用第 24 条的实际情况。既然合同纠纷类推无过错责任纠纷适用第 24 条，那么合同纠纷中的实际情况也是法院需要重点考虑的因素。综合上述案例，法院需要单独考虑或者综合考量被告行为与原告损失之间具有一定程度的因果关系、受害人死亡给原告方造成严重的经济负担和精神痛苦、被告于原告处受有利益、原告和被告存在共同利益、原告损失客观存在且较为严重存在救济的必要性。第七步，根据第 24 条确定双方当事人分担责任的比例，此为法官自由裁量事项，法院不得拒绝裁判，自由裁量权可谓法官的权力和责任合体，但既然是公平分担损失，被告没有过错、没有违约或有免责事由，法官可以使被告分担较少损失。只有充分考虑了这七步，才能决定是否适用之，唯有如此，对公平分担损失规则在合同纠纷中严格限制，才能防止其滥用，真正发挥该制度在合同领域应有的功能。

第六章　公平分担精神损害实证研究

本章提要：本章探讨的问题是，作为公平分担损失规则的第24条是否可以适用于精神损害赔偿责任。中国裁判文书网上关涉题意的纠纷有65则，其中，法院援引第24条作为裁判依据不支持精神损害赔偿请求的案件有45则，支持的案件有20则。从主流观点而言，司法、理论、制度三个维度均否定第24条可适用于精神损害赔偿责任纠纷。其一，从司法实践角度而言，不支持精神损害赔偿请求的45则纠纷给出的理由主要有两个方面：一方面，他们认为精神损害赔偿属于非财产性损害赔偿，本质属于间接损失，不属于第24条的救济范围。另一方面，他们认为精神损害赔偿制度的目的之一是惩罚不法行为，适用第24条的案件中，行为人没有过错不存在不法行为，不构成侵权责任，所以不支持精神损害赔偿。其二，从理论逻辑层面而言，上述案例的裁判基本上采纳了学说观点。其三，从制度规范层面而言，学说的观点来源于具体的法律规定，第24条适用于双方当事人都没有过错的行为之中，基于公平因素考量，适当分担损失。归纳而言，公平分担精神损害否定论的理由主要有三个方面，分别是精神损害赔偿的适用范围、本质特征、制度功能：其一，从其适用范围角度而言，其适用范围仅限于过错责任纠纷，无论是故意侵权还是过失侵权，侵权人主观具有过错，且构成过错侵权责任，而第24条适用的前提之一是行为人和受害人对损害的发生都没有过错，所以不能适用于精神损害赔偿责任纠纷；其二，从其本质特征角度而言，第24条支持的损害仅限于直接损害，精神损害本质上属于间接损害，不属于第24条保护范围，因为第24条补偿的损失只能是直接财产损失；其三，从其制度功能角度而言，其功能之一是惩罚功能，惩罚不法侵权人，而第24条不存在不法侵权人，也就没有精神损害赔偿的适用空间。笔者认为，精神损害的本质是精神痛苦，精神损害赔偿的本质是抚慰受害人精神所受痛苦。精神损害可以确定，立法只需规定确定的参考因素和基本范围，剩下的交由法官自由裁量。精神损害包括间接精神损害和直接精神损害，无论何种类型，《侵权责任法》第24条均应当予以救济，因为受害人的精神痛苦客观存在。精神损害赔偿仅具有填补损失功能，惩罚并非其功能。精神损害赔偿不仅适用于过错侵权责任，也适用于无过错侵权责任，还可以适用于公平分担损失规则之中。第24条保护范围不应当仅限于直接损失，对于非直接损失也应当予以保护。第24条的立法目的不在于惩罚行为人，而在于对受害人的合理救济，精神损害赔偿的核心功能填补损害功能，这符合第24条的立法初衷。

《检察日报》于2017年9月13日刊登了一则案例，南通一位女职工在上班期间目睹了车间里发生的一起惨烈的意外事故，因受到过度惊吓诱发精神疾病，失去正常工作能力。谁该为惊吓损失买单？一审、二审法院均援引《侵权责任法》第 24 条（以下简称“第 24 条”）作为裁判依据，考虑原告受损害的程度、双方当事人经济状况的对比、被告从原告处受有利益、当地的生活水平等，由双方当事人公平分担原告所受的损失。[1] 惊吓损失属于精神损害赔偿之一种，是指第三人因为目睹或听闻受害人遇害而遭受的精神损害。[2] 精神损害赔偿作为损害赔偿之一种，是《侵权责任法》的法定责任方式之一，当发生人身损害时，如果受害人遭受了严重的精神损害，其可以主张精神损害赔偿，这为该法第 22 条所肯定。关于前引案例的判决表达，有不同观点认为，第 22 条适用于侵权责任领域，尤因其具有惩罚功能而在过错责任中彰显；而第 24 条公平分担损失规则适用的条件是双方当事人主观均无过错，故关涉精神损害赔偿责任纠纷不能援引该条作为裁判依据。[3] 司法实践中，有不少法院采纳了学界的这种主流观点，但也有法院如同前引案例在

---

〔1〕《上班女子目睹事故诱发精神疾病谁该为惊吓损失买单》，载《检察日报》2017 年 9 月 13 日。

〔2〕谭启平主编：《中国民法学》，法律出版社 2015 年版，第 668 页。

〔3〕最高人民法院侵权责任法研究小组编著：《〈中华人民共和国侵权责任法〉条文理解与适用》，人民法院出版社 2016 年版，第 185 页。王利明：《侵权责任法研究》（上卷），中国人民大学出版社 2016 年版，第 289 页。李显冬主编：《中华人民共和国侵权责任法条文释义与典型案例详解》，法律出版社 2010 年版，第 125 页。王成：《侵权责任法》，北京大学出版社 2014 年版，第 62 页。曹险峰：《侵权责任法总则的解释论研究》，社会科学文献出版社 2012 年版，第 97 页。蔡颖雯、郑晓鹏编著：《最高人民法院侵权责任法司法解释精释精解》，中国法制出版社 2016 年版，第 217 页。

援引第24条作为裁判依据的前提下支持了原告的精神损害赔偿。这种不同的判决就引发了一个争议性问题，作为公平分担损失规则的第24条是否可以适用于精神损害赔偿责任，即公平分担精神损害？

一、第24条适用于精神损害赔偿责任纠纷裁判要旨分析

中国裁判文书网上关涉题意的纠纷有65则，其中，法院援引第24条作为裁判依据不支持精神损害赔偿请求的案件有45则，支持的案件有20则。[1] 这样就形成了公平分担精神损害否定论和肯定论两种裁判倾向。

（一）公平分担精神损害否定论案例裁判要旨分析

从主流观点而言，司法、理论、制度三个维度均否定第24条可适用于精神损害赔偿责任纠纷。其一，从司法实践角度而言，不支持精神损害赔偿请求的45则纠纷给出的理由主要有两个方面：一方面，他们认为精神损害赔偿属于非财产性损害赔偿，本质属于间接损失，不属于第24条的救济范围。例如，聂

〔1〕 笔者于2017年7月30日在中国裁判文书网搜索“《侵权责任法》第24条”，显示结果为2472个，随后以“精神损害赔偿”搜索适用该条的纠纷对精神损害赔偿的具体处理情况，显示结果为139个。经笔者逐一辨识，剔除与本书研究主题不相干的纠纷，最后进入本书研究视野的案例有65个。

忠水案[1]中，法院认为，“侵权责任法规定的公平原则所确定的分担损失，仅限于财产性损害赔偿，而精神损害赔偿属于非财产性损害赔偿，故该赔偿项目不适用该条的分担原则。”另一方面，他们认为精神损害赔偿制度的目的之一是惩罚不法行为，适用第24条的案件中，行为人没有过错，不存在不法行为，不构成侵权责任，所以不支持精神损害赔偿。例如，安占吉案[2]中，法院认为，“精神损害赔偿的目的主要在于制裁不法行为人

〔1〕 参见安徽省东至县人民法院民事判决书（2014）东民一初字第00995号。持相同观点的还有王艮康案、卿飞东案和上诉人伍凤英案，裁判文书案号依次是：江苏省沭阳县人民法院民事判决书（2014）沭民初字第02530号，湖南省永州市冷水滩区人民法院民事判决（2016）湘1103民初430号，湖南省永州市中级人民法院民事判决书（2014）永中法民二终字第294号。

〔2〕 参见辽宁省本溪市溪湖区人民法院民事判决书（2015）溪民初字第00338号。持此观点的案例还有：曹日辉案、曾某某案、葛海群案、黄贤案、惠某案、赖云霞案、刘某案、汤洪发案、陶礼宏案、王艳案、王艺翔案、许庭榕案、杨雷案、李逸非案、吴桂霞案、钟林案、朱小娥案、张哲案、赵可生案、赵××案、钟礼文案、周建国案、周进东案、上诉人陈清芬案、上诉人段桂绵案、上诉人何奇案、上诉人刘锦然案、上诉人案、上诉人盘相国案、上诉人南岳镇中心小学案、上诉人何罗平案、上诉人张长琪案、上诉人王文兵案、上诉人张某某案、上诉人赵云霄案、上诉人周元贵案。裁判文书案号依次是：昆明市盘龙区人民法院民事判决书（2016）云0103民初5273号，四川省绵阳市涪城区人民法院民事判决书（2015）涪民初字第877号，安徽省蚌埠市禹会区人民法院民事判决书（2016）皖0304民初1110号，四川省蒲江县人民法院民事判决书（2013）蒲江民初字第190号，上海市闸北区人民法院民事判决书（2014）闸少民初字第6号，山东省济南市市中区人民法院民事判决书（2015）市民初字第864号，湖北省武汉市洪山区人民法院民事判决书（2015）鄂洪山未民初字第00009号，辽宁省抚顺县人民法院民事判决书（2014）抚县民一初字第00375号，湖北省南漳县人民法院民事判决书（2016）鄂0624民初1955号，新民市人民法院民事判决书（2015）新民民三初字第06363号，广东省广

并抚慰受害人，因此应适用惩罚过错的过错责任。故对原告的此主张，本院不予支持。”其二，从理论逻辑层面而言，上述案例的裁判基本上采纳了学说观点。如前所述，学界通说认为，公平分担损失规则仅以基本损失为其分配范畴，精神损失一般

州市番禺区人民法院民事判决书（2015）穗番法石民初字第1229号，浙江省象山县人民法院民事判决书（2014）甬象民初字第440号，吉林高新技术产业开发区人民法院民事判决书（2012）吉高新民一初字第57号，江西省宜春市袁州区人民法院民事判决书（2015）袁民一初字第1859号，新疆维吾尔自治区奇台县人民法院民事判决书（2016）新2325民初860号，德阳市旌阳区人民法院民事判决书（2014）旌民初字第860号，湖南省汉寿县人民法院民事判决书（2014）汉民初字第1227号，宁夏回族自治区银川市兴庆区人民法院民事判决书（2014）兴民初字第5706号，山东省高密市人民法院民事判决书（2013）高民初字第4087号，四川省绵阳市涪城区人民法院民事判决书（2013）涪民初字第7035号，四川省富顺县人民法院民事判决书（2013）富民一初字第2892号，湖南省常德市鼎城区人民法院民事判决书（2013）常鼎民初字第1563号，河南省郑州市二七区人民法院民事判决书（2016）豫0103民初2924号，广西壮族自治区贵港市中级人民法院民事判决书（2014）贵民一终字第173号，辽宁省抚顺市中级人民法院民事判决书（2015）抚中民终字第00684号，山东省济南市中级人民法院民事判决书（2015）济民四终字第12号，广东省云浮市中级人民法院民事判决书（2016）粤53民终487号，广西壮族自治区南宁市中级人民法院民事判决书（2015）南市民一终字第1928号，湖南省永州市中级人民法院民事判决书（2016）湘11民终866号，四川省达州市中级人民法院民事判决书（2016）川17民终796号，湖北省咸宁市中级人民法院民事判决书（2016）鄂12民终404号，广西壮族自治区高级人民法院民事判决书（2016）桂民终238号，湖南省岳阳市中级人民法院民事判决书（2013）岳中民三终字第250号，广东省深圳市中级人民法院民事判决书（2015）深中法民终字第2545号，辽宁省本溪市中级人民法院民事判决书（2016）辽05民终95号，四川省眉山市中级人民法院民事判决书（2016）川14民终32号。还有3则案例，一审法院支持了原告精神损害赔偿请求，但是二审法院还是予以否定。它们是：上诉人国网湖北省电力公司浠水县供电公司案、上诉人孔涛案、上诉人汪某甲案。裁判文书案号依次是：湖北省黄冈市中级人民法院民事判决书（2015）鄂黄冈中民三终字第00109号，河南省周口市中级人民法院民事判决书（2016）豫16民终1274号，浙江省杭州市中级人民法院民事判决书（2014）浙杭民终字第2444号。

而言并不纳入其射程之内。一方面，第 24 条规定的损害仅指财产性损害，而精神损害作为非财产性损害具有抽象性，本身难以具体确定。另一方面，因为第 24 条主要适用于过错侵权责任之中，因为精神损害赔偿的目的主要在于制裁不法行为人并抚慰受害人，因此应适用惩罚过错的过错责任。[1] 其三，从制度规范层面而言，学说的观点来源于具体的法律规定，第 24 条适用于双方当事人都没有过错的行为之中，基于公平因素考量，适当分担损失。但是精神损害赔偿请求权有两个适用要件，严重精神损害和侵害他人人身权益。适用第 24 条的纠纷中，第一个要件较好判断，所有案件受害人均遭受严重精神损害，或是原告残疾或是受害人死亡；但是第 24 条不满足第二个要件，因为该条根本不存在“侵害”二字，学界和实务界普遍认为“侵害”二字强调的是不法性，或者说是过错，即只有被告存在过错的情况下，才会支持精神损害赔偿。归纳而言，公平分担精神损害否定论的理由主要有三个方面，分别是精神损害赔偿的适用范围、本质特征、制度功能：其一，从其适用范围角度而言，其适用范围仅限于过错责任纠纷，无论是故意侵权还是过失侵权，侵权人主观具有过错，且构成过错侵权责任，而第 24 条适用的前提之一是行为人和受害人对损害的发生都没有过错，所以不能适用于精神损害赔偿责任纠纷；其二，从其本质特征角度而言，第 24 条支持的损害仅限于直接损害，精神损害本质

---

〔1〕 最高人民法院侵权责任法研究小组编著：《〈中华人民共和国侵权责任法〉条文理解与适用》，人民法院出版社 2016 年版，第 185 页。

上属于间接损害，不属于第24条保护范围，因为第24条补偿的损失只能是直接财产损失；其三，从其制度功能角度而言，其功能之一是惩罚功能，惩罚不法侵权人，而第24条不存在不法侵权人，也就没有精神损害赔偿的适用空间。

（二）公平分担精神损害肯定论案例裁判要旨分析

在20则支持精神损害赔偿请求的纠纷中，一些法院并没有释明为何支持，而是直接列明精神损害赔偿的数额。例如陈某案、冯某案、江树友案、唐明鑫案、陈江湖案、李志富案、上诉人中国人寿财产保险股份有限公司叶县支公司案、上诉人廖梓翔案、上诉人辽宁辉山乳业集团（锦州）有限公司案、上诉人湛红梅案。[1] 还有一些法院在支持的同时简明扼要地阐释了支持精神损害赔偿的理由：精神损害赔偿的正当性来自于精神损害，而这种损害需要达到严重程度；从原告角度而言，或因近亲属死亡带来精神痛苦，或因自身遭受残疾带来精神痛苦，他们的精神损害客观存在，如果不予以救济，精神痛苦将不会

〔1〕 裁判文书案号依次是：辽宁省义县人民法院民事判决书（2015）义民七初字第01249号，天津市河东区人民法院民事判决书（2016）津0102民初2846号，安徽省无为县人民法院民事判决书（2015）无民一初字第01342号，四川省泸县人民法院民事判决书（2016）川0521民初768号，四川省武胜县人民法院民事判决书（2015）武胜民初字第1548号，江苏省丹阳市人民法院民事判决书（2015）丹民初字第03446号，河南省平顶山市中级人民法院民事判决书（2016）豫04民终1664号，四川省绵阳市中级人民法院民事判决书（2015）绵民终字第1663号，辽宁省锦州市中级人民法院民事判决书（2016）辽07民终845号，广东省深圳市中级人民法院民事判决书（2016）粤03民终14318号。

获得抚慰，可见精神损害赔偿具有抚慰精神痛苦的功能。其一，因受害人死亡给其近亲属带来巨大精神痛苦。司法实践中，原告的精神痛苦可能来自于近亲属的死亡，例如陈××案[1]中，法院认为，“两原告作为张敏的父母，在张敏意外死亡后，确实会产生很大的精神痛苦，作为对两原告的抚慰，本院支持两原告主张的精神抚慰金10 000元。”显然，生命是珍贵的，死亡意味着生命不复存在，作为人的载体也将随着死亡而逝去；对近亲属而言，原本祥和的家庭生活就此打破，他们遭受巨大精神打击，需要很长时间来弥补这种痛苦，适当的经济补偿有助于弥补受害人近亲属的精神痛苦。其二，因原告自身残疾给其带来严重精神伤害。原告自身的残疾也是精神损害的原因之一。丁玲枝案[2]中，法院认为，原告因此次事故受伤致残，在精神上受到了严重的伤害，所以支持精神损害赔偿请求。残疾会造成严重的精神损害，从此以后受害人生活多有不便，无论是身体上还是心理上，受害人遭受了残疾带来的严重精神损害，所

〔1〕参见昆明市西山区人民法院民事判决书（2014）西法民初字第3237号。相似案例见邓四妹案、赵淑玲案、上诉人胡成安案，裁判文书依次是：广东省连南瑶族自治县人民法院民事判决书（2016）粤1826民初440号，安徽省阜南县人民法院民事判决书（2013）南民一初字第02966号，江苏省徐州市中级人民法院民事判决书（2015）徐民终字第5108号。

〔2〕参见河南省许昌县人民法院民事判决书（2015）许县民一初字第123号。相似案例见简嘉城案、刘××案、上诉人冷永革案、上诉人丘小曲案、上诉人王某某案，裁判文书依次是：广东省江门市蓬江区人民法院民事判决书（2015）江蓬法杜民初字第258号，贵州省贵阳市乌当区人民法院民事判决书（2014）乌民初字第975号，贵州省贵阳市中级人民法院民事判决书（2015）筑少民终字第19号，广东省广州市中级人民法院民事判决书（2014）穗中法民一终字第5413号，甘肃省庆阳市中级人民法院民事判决书（2014）庆中民终字第165号。

以应当予以补偿。上述案例，法院支持的理由主要是精神损害救济的必要性。其并非基于精神损害侵权制裁的逻辑，而是基于精神损害亦为受害人实在发生的损害，具有补偿救济的必要性，这种必要性是法院作出的一种价值判断：既然原告方精神损害客观存在，亦应得到合理救济。肯定论的正当性源于第24条的立法目的和规范意旨：本条不在于惩罚行为人的不法行为，而在于合理救济受害人。

综观全部65则案例，肯定论者和否定论者的论战场域在于《侵权责任法》第24条，论战对象在于精神损害，论战焦点在于适用第24条的纠纷是否应当支持精神损害。双方的矛盾是不可调和的，对公平分担损失规则是否应当支持精神损害赔偿问题的回答是非此即彼的。司法实践中之所以会出现不同的判决表达，究其原因，或因为不同法院对精神损害的认识不同，或因为不同法院对第24条的目的、性质、适用范围的认识不同，或因为不同法院对两者结合的适用认识不同。简而言之，肯定论者和否定论者论战的争点主要有三个方面：其一，精神损害赔偿是否仅适用于过错责任？其二，第24条是否仅保护直接损失，对间接损失的精神损害视而不见？其三，精神损害赔偿是否因具有惩罚功能而不能进入第24条的保护视域？这三个争点表面上相互独立，实际上相互统一，它们统一于第22条和第24条的关系。第22条是否仅适用于过错责任纠纷而不适用于损失分担规则？第22条是否属于间接损失而不符合损失分担规则之损失要义？第22条是否具有惩罚功能而为损失分担规则所保护不能？这三个方面虽然分属于适用范围、保护对象、制度功能，但本质上统一于两个条文内在的体系关联，以此角度，否定论者认为第22条和第24条存在适用相斥，而肯定论者认为两者可以做到适用和谐。

二、争点一：精神损害赔偿仅适用于过错责任?

在前述案例中，所有不支持精神损害赔偿的纠纷中，法院均认为，第24条的适用要件之一是行为人无过错，精神损害赔偿仅适用于过错责任纠纷。从法规范角度而言，这种认识直接来源于《最高人民法院关于确定民事侵权精神损害赔偿责任若干问题的解释》第8条，此条是关于人民法院对已经发生侵权致人精神损害的后果，受害人请求赔偿精神损害，应如何确定侵权人承担民事责任的方式的规定。[1] 从精神损害赔偿的定义可知，其是对行为人的侵害行为造成的精神损失的抚慰，属于侵权责任的承担方式。既然精神损害赔偿属于侵权责任范畴，那么，其成立的前提就是侵害行为符合侵权行为的构成要件。质言之，精神损害赔偿的原因是侵权，而第24条不存在过错，不构成侵权责任，所以不能支持精神损害赔偿。这种表态直接导致司法实践中很多法院在援引第24条之时不支持精神损害赔偿。

---

〔1〕 最高人民法院民事审判第一庭编著：《最高人民法院〈关于确定民事侵权精神损害赔偿责任若干问题的解释〉的理解与适用》，人民法院出版社2015年版，第55页。

这种观点是值得商榷的。一方面，《侵权责任法》规定的精神损害赔偿并没有涉及过错的因素，补偿责任中也存在对精神损害予以救济的需求。从体系解释角度而言，该法在总则中对精神损害赔偿作出规定，表明其具有普遍适用性，既可适用于一般过错侵权，又可适用于具体特殊侵权，只要侵权人因侵权行为损害他人人身权益进而造成其精神损害，法律如无特别规定，受害人即可请求精神损害赔偿。[1] 第24条作为一种损失分担规则，既然规定在《侵权责任法》之中，当法律并没有限制精神损害赔偿在该条中的适用，那么将精神损害赔偿限制于过错侵权责任中并非恰当。其实，该问题又涉及适用第24条支持精神损害赔偿的必要性。宏观而言，现行《侵权责任法》依两条主线递进建构受害人救济制度，一条名曰侵权责任，一条唤作补偿责任。相应地，该法将受害人的救济类型划分为赔偿救济和补偿救济。侵权责任以侵权损害赔偿责任为原则，赔偿责任对应补偿责任，构成侵权责任的，适用赔偿救济手段；未构成侵权责任但确有救济的必要时，适用补偿救济手段，但前提是满足损失分担规则的适用要件。第24条的机理在于分担受害人损害，是基于过错责任和无过错责任都无法对侵权行为加以追责时的一种法定补偿功能。[2] 非侵权责任之公平分担损失规则以补偿责任为名，其分担事由为公平，这也反映了第24条在

---

〔1〕 王利明：《侵权责任法研究》（上卷），中国人民大学出版社2016年版，第725页。

〔2〕 陈科：《公平责任一般条款的司法适用——以100份侵权案件判决书为分析样本》，载《法律适用》2015年第1期，第14页。

微观制度上的规范意旨。损害原则上停留于受害人处，例外地让行为人分担，第24条公平分担损失之补偿责任仅部分分担受害人损失，且要件严苛，补偿责任以分担损失为原则。在这两条主线中均存在财产损害、人身损害和精神损害，在赔偿责任中，法律通过支持精神损害赔偿的形式以抚慰受害人之精神痛苦；同质而言，在补偿责任中，受害人也存在着弥补精神损害的客观需求，法律没有理由对补偿责任中的精神损害视而不见，而且，这种精神损害的补偿也是有严格限制条件的要求。罗尔斯认为，作为公平的正义所需要的稳定性需要一个前提，即它首先应该属于一种自由主义的政治观点，而当诉诸公民的公共理性时，这种观点的目标对于理性的和合理的、自由的和平等的公民是可接受的。[1] 第24条是在我们现在这样的社会历史背景之下制定的，其一定程度上反映了社会对该条的正当需求，当行为人和受害人均无过错时，本应免除行为人责任，但考虑到实际情况，于受害人有实质不公；为了适当救济受害人，课以行为人以适当补偿责任，一方面是为了实现对受害人利益的维护，另一方面是为了保持社会的稳定与和谐。这种社会效果和社会影响正是该制度存在的价值所在。

另一方面，比较法的经验告诉我们，精神损害赔偿不仅可以适用于过错责任纠纷，而且可以适用于无过错责任纠纷。瑞士《债务法》第47条中的精神抚慰金请求权并不一概以“过

---

〔1〕［美］约翰·罗尔斯：《作为公平的正义》，中国社会科学出版社2011年版，第223页。

错”为构成要件：过错责任中，法官在认定具体精神损害赔偿数额时，应将赔偿义务人及受害人过失纳入考量的范围内；在无过错责任中，则无此要求。[1] 也就是说，仅仅是当精神损害赔偿适用于过错责任纠纷之时才考虑侵权人的主观恶性，即故意或过失的严重程度；在无过错责任之中，精神损害的严重程度客观存在，其赔偿额度不以行为人的主观恶性为必要条件。例如无过错责任之中产生的死亡赔偿问题，就无需考虑行为人主观是否故意或过失，可径行裁判。同样地，适用第 24 条时也无需考虑行为人的主观过错，应当类推于无过错责任纠纷中适用精神损害赔偿问题，法院可以从受害人精神损害严重程度来判断是否支持精神损害赔偿请求以及支持的额度。一言以蔽之，精神损害赔偿不仅适用于过错侵权责任，也适用于无过错侵权责任，还可以适用于公平分担损失规则之中。

三、争点二：间接损失不属于第 24 条保护范围？

不支持精神损害赔偿的纠纷中，法院认为精神损害属于间接损失，难以确定其具体赔偿数额，所以适用第 24 条的纠纷不能支持该请求。然而，第 24 条是否不保护间接的精神损害？对于这个问题的回答涉及精神损害的内涵及其确定问题。

---

〔1〕［瑞］海因茨·雷伊：《瑞士侵权责任法》，贺栩栩译，中国政法大学出版社 2015 年版，第 132、138 页。

（一）精神损害的内涵及确定

精神损害根据其产生的独立性不同又可分为直接精神损害和间接精神损害。第一种类型是间接精神损害，其是建立在其他人身损害或者特殊财产损害之上的精神损害。侵权人因侵权行为造成他人人身损害进而导致精神损害时，须以支付精神损害赔偿的形式抚慰被侵权人的精神痛苦。精神损害的表现形式即受害人精神利益的耗损或丧失，主要包括惊恐、害怕、悲伤、难过、失望、焦虑、屈辱、抑郁等。[1] 第二种类型是直接精神损害，随着时代的发展，人们对于精神世界认识的深化，美国司法实践中发展出另一种精神损害——直接精神利益损害。它具有产生上的独立性，并不伴随其他损害而生，是对受害人纯粹的人格利益和身份利益的损害，具有无形性和非财产属性，仅为单纯的精神利益受损。例如，侵权人的行为使受害人精神遭受惊恐，但侵权人的行为尚不构成威胁，或侵权人的言辞使受害人精神遭受痛楚，但其行为尚未构成诽谤或诋毁。[2] 缅因州最高法院在 Gerald C. Gammon v. Osteopathic Hospital of Maine 案中承认了直接精神损害的存在，法院认为对尸体处理不当极

〔1〕［美］爱伦·M. 芭波里克选编：《侵权法重述纲要》，许传玺等译，法律出版社 2016 年版，第 284－285 页。刘智慧主编：《中国侵权责任法解释与应用》，人民法院出版社 2010 年版，第 52 页。

〔2〕鲁晓明：《论纯粹精神损害赔偿》，载《法学家》2010 年第 1 期，第 122 页。杨立新：《侵权损害赔偿》，法律出版社 2010 年版，第 261 页。张平：《论美国侵权法上的精神损害赔偿》，载王军主编：《侵权行为法比较研究》，法律出版社 2006 年版，第 502 页。

有可能导致精神损害。[1] 此种损害并不依赖某种损害而存在，是相对独立的直接精神损害。从精神损害的类型上看，它不再限于间接精神损害，可见司法实践认可了直接精神损害。但无论是直接精神损害还是间接精神损害，只要精神损害客观存在，其救济也应当伴随而生。可见第22条符合第24条的立法目的和规范意旨，精神损害的内涵与公平分担损失规则的理念不谋而合，该条的立法目的和规范意旨分别指向该条的宏观理念和微观制度。就宏观理念而言，第24条的内生价值在于公平与和谐。就微观制度而言，第24条的规范意旨在于，基于公平的法律价值考量，受害人所遭受的损害确有予以适当救济的必要。[2] 此处"受害人所遭受的损害确有予以适当救济的必要"即第24条所言的"实际情况"，学者一般认为，受害人所受损失是确需救济的必要因素。受害人的损害包括财产损害、人身损害和精神损害，当然，这种损害需要一定的严重程度才需救济，具体的"度"应当由法官自由把握。此外，损害程度还需综合考虑其他因素，主要是双方当事人经济状况的对比。如果受害人经济状况明显优于行为人经济状况，裁判者认为这里不存在确需适当救济的必要，也就不应当适用第24条。所以，微观层面的

---

〔1〕 Gerald C. Gammon v. Osteopathic Hospital of Maine, Inc., et al., 534A. 2d1282. 转引自王军等编著：《美国侵权法案例选评》，对外经济贸易大学出版社2016年版，第270页。

〔2〕 刘士国等：《侵权责任法重大疑难问题研究》，中国法制出版社2009年版，第15页。何志、侯国跃主编：《侵权责任纠纷裁判依据新释新解》，人民法院出版社2014年版，第83页。

受害人救济应当严格限制两项要件，一项是受害人遭受损害的严重性，另一项是受害人和行为人经济状况对比显著差异。第24条适用于精神损害赔偿责任纠纷中时，也需要满足公平分担损失规则的实质要件，只有如此，方可称得上公平与和谐。

否定论者认为第24条适用于精神损害赔偿责任还有一个弊端，那就是其难以确定。精神损害作为非财产性损害，是一种无形损害，其区别于财产损害的最大特征在于其价值认定的主观性和难以确定性。从损害的救济角度而言，侵权法在于填补受害人损失，此为填平原则，基于精神损害的不确定性而不予支持并非正当理由，谨慎对待精神利益损害的诉由并非对所有该类型诉请援引的排斥。[1] 其一，在第24条情形下，精神损害是不确定的，那么在过错侵权责任下，精神损害难道可以确定？可以说，不管在何种情形下，精神损害因其主观性而天生具有不确定性。其二，精神损害的不确定并不影响法律确定精神损害赔偿，依主观价值客观化理论，精神利益和财产利益可以在某种意义上相通，因精神利益难以恢复原状、无形性因而难以得到救济的问题基于这一理论可以得到物质形态的、有形的救济。[2] 精神损害的客观存在是精神损害赔偿的前提，精神痛苦真实存在，这种痛苦与人的主观精神状态密切相关。精神损害赔偿的确定依法官自由裁量，法官在涉及精神损害赔偿案件时，

---

〔1〕［美］丹·B. 多布斯：《侵权法》，马静等译，中国政法大学出版社2014年版，第711页。

〔2〕彭诚信：《现代权利理论研究》，法律出版社2017年版，第412页。

以主观认知确定具体的精神损害赔偿份额；而衡量的因素，应以精神损害的严重程度、延续的时间及后果为重心。[1]《民法通则》颁行以来，经过30年的司法实践，我国法院法官积累了较为成熟的判断标准，我们应当相信裁判者的中立性可以胜任此项工作。比较法上，1973年英国法律委员会推定，确定精神损害赔偿过于随意，难以对法院予以原则性规定，唯独应确定的是“谁有决定权”。[2]

（二）精神损害属于第24条的保护范围

从上文内容可以看出，精神损害的本质是精神痛苦，精神损害赔偿的本质是抚慰受害人精神所受痛苦。随着时代的前行和社会的发展，精神损害不再限于间接精神损害，直接精神损害逐渐为法治所认可。精神损害赔偿也并非难以确定，这只是立法技术的问题，立法上只需确定一定的参考因素和裁量范围，剩下的应当交由法官自由裁量。结合第24条而言，其保护范围不应当仅限于直接损失，对于非直接损失也应当予以保护。首先，从文义解释角度，该条规定受害人的损害并不限于直接损害，民法保护的损害包括财产损害、人身损害和精神损害，一

〔1〕欧洲侵权法小组：《欧洲侵权法原则》，于敏、谢鸿飞译，法律出版社2009年版，第238页。宗志翔：《侵权责任与赔偿研究》，中国政法大学出版社2016年版，第341页。朱晓峰：《侵权可赔损害类型论》，法律出版社2017年版，第83页。孙大伟：《侵权法律制度比较研究》，法律出版社2013年版，第61页。唐慧、闫朝东：《侵权责任法案例与学理研究》，中国社会出版社2017年版，第314页。

〔2〕［澳］彼得·潘恩：《阿蒂亚论事故、赔偿及法律》，王仰光等译，中国人民大学出版社2008年版，第174页。

般而言，精神损害虽源于人身损害或特殊财产损害，但对于精神损害的救济即精神损害赔偿却是独立于对人身损害和财产损害的救济。实践证明，精神损害赔偿作为一项独立的请求权内容常常为法院所支持。其次，精神损害不仅包括间接精神损害，也包括直接精神损害，精神损害的客观性并不需要建立在人身损害基础之上，其本质属性或可称为间接损失，但救济次序上应平行于其他损害类型而获救济。间接精神损害只是在产生上非独立，其救济规则却是独立于其他损害的救济，从救济角度而言，精神损害完全平行于其他损害类型。换言之，产生上的非独立性对于其救济并没有什么实质的影响，反而是其自身的客观存在使得救济成为必要。最后，精神损害客观存在时，其严重程度达到法官内心确定，理应受到第 24 条保护，并且大量的司法实践经验表明，精神损害的确定并非如学者们所想的那么困难，且在上述所引支持案例中，很多一审法院支持精神损害赔偿请求的案例并没有引起行为人过大的争议，也并没有较多的二审法院改变一审法院关于支持精神损害赔偿的判决。

四、争点三：惩罚是精神损害赔偿功能之一?

前引案例中，很多法院认为第 24 条不适用于精神损害赔偿责任纠纷的一个理由是该制度的功能是惩罚不法行为，而第 24 条不存在惩罚的事由，所以不能适用。①对于恶意侵犯他人人格尊严、贬损他人人格之不法行为，法院一般会从抑制行为人侵权面向，大幅度增加损害赔偿份额，以此达到惩罚的功效。

②从效果上看，高额精神损害赔偿金明显有阻抑行为人类似行为再次发生的功能。[1] 侵权责任法惩罚功能最为集中的体现是惩罚性赔偿制度，那么，精神损害赔偿是否也有这样的功能？抑或，精神损害赔偿虽无惩罚性赔偿之惩罚功效，但有一般损害赔偿之惩罚功效？

（一）精神损害赔偿二元功能论和一元功能论之争

我国学者关于精神损害赔偿的功能存在两种观点，一种观点如日本法一般，认为精神损害赔偿的功能既包括填补损害、补偿受害人、抚慰精神痛苦，也包括惩罚不法行为、制裁侵权人主观恶意。例如，王利明教授认为，精神损害赔偿旨在对受害人精神上的抚慰和对加害人的惩戒：从受害人角度，精神损害赔偿意旨通过金钱赔偿对被侵权人的精神痛楚加以抚慰；从行为人角度，精神损害赔偿是对不法侵权人加以制裁。[2] 杨立新、张新宝教授也认为，精神损害赔偿具有补偿、抚慰和惩罚功能。[3] 因补偿功能和抚慰功能某种程度上不可分割，都是从受害人救济角度而言，两种可以合为一体，这样，这种观点实

〔1〕 董惠江、严城：《论我国精神损害赔偿金的功能》，载《甘肃政法学院学报》2012年第1期，第24页。孙宏涛：《精神损害赔偿的惩罚性功能》，载《政法论坛》2002年第6期，第37页。

〔2〕 王利明：《侵权责任法研究》（上卷），中国人民大学出版社2016年版，第711页。

〔3〕 杨立新：《〈中华人民共和国侵权责任法〉精解》，知识产权出版社2010年版，第89页；张新宝：《侵权责任法》，中国人民大学出版社2010年版，第123页。

际上主张精神损害赔偿二元功能论。还有一种观点否定精神损害赔偿具有惩罚功能。例如，魏振瀛教授认为，精神损害赔偿原则上并不具有惩罚功能。[1] 程啸教授认为，精神损害赔偿如同财产损害赔偿一样，都是建立在补偿而非惩罚的思想之上的。[2] 精神损害赔偿最主要的两个功能是精神抚慰功能和补偿功能，补偿功能和抚慰功能在手段和目的上是统一的，前者是手段，后者是目的，通过补偿受害人达到对其精神抚慰的效果。这种观点实际上主张精神损害赔偿一元功能论，即填补功能，使受损害的状态得以恢复至圆满状态。实际上，关于精神损害赔偿功能认识之争主要集中在惩罚是否是一项独立的功能。二元功能论者主张惩罚功能的独立性，一元论者否定该功能的独立性。

（二）比较法经验及其启示

德国民法学界根据联邦最高法院民事大审判庭的判决（BGHZ18，149），总结认为精神损害赔偿金有两个功能：一是补偿功能，二是安抚功能。补偿功能在于对不能通过其他责任方式加以救济的，例如痛楚、精神上的煎熬、惊恐、毁容及事业或者婚姻的毁损等非财产性的负面后果，可以以支付痛苦抚

---

〔1〕 魏振瀛：《精神损害赔偿责任的性质和法律适用》，载《政治与法律》1987年第6期，第25页。

〔2〕 程啸：《侵权责任法》，法律出版社2015年版，第708页。

慰金的方式加以补偿。[1] 这是德国法学界关于精神损害赔偿基本功能的共识，补偿功能的实现某种程度上也就是安抚功能的实现。日本学者圆谷峻教授认为，精神损害赔偿蕴涵填补性、制裁性两要素，补偿机能是损害赔偿法中最核心的机能。[2] 填补性要素形成精神损害赔偿填补功能说，制裁性要素发展为精神损害赔偿制裁功能说。前者强调民事责任的作用，即填补损害；后者着力点在于对加害人实施的一种私人性惩戒。支持制裁功能说的学说仅为少数，主流观点一般认为民事责任旨在填补损害。[3] 日本法的经验告诉我们，其一，损害赔偿法最基本的功能是填补损害；其二，虽有学者主张惩罚功能，但日本主流观点还是认为民事责任应以损害填补为目的。精神损害赔偿属于损害赔偿之一种，是民事责任在侵权法领域的表现，也应当以损害填补为基本功能。瑞士侵权法学界一致认为精神抚慰金不具有惩戒功能，瑞士联邦最高法院在这个问题上持相同观点。[4] 通过对比较法简单地考察，我们发现，虽然有观点支持精神损害赔偿的惩罚功能，但是主流观点还是认为精神损害赔偿的基本功能是填补损害，这是所有损害赔偿责任类型的共通

---

〔1〕［德］埃尔温·多伊奇、汉斯－于尔根·阿伦斯：《德国侵权法——侵权行为、损害赔偿及痛苦抚慰金》，叶明怡、温大军译，中国人民大学出版社 2016 年版，第 234 页。

〔2〕［日］圆谷峻：《判例形成的日本新侵权行为法》，赵莉译，法律出版社 2008 年版，第 13 页。

〔3〕于敏：《日本侵权行为法》，法律出版社 2015 年版，第 591 页。

〔4〕［瑞］海因茨·雷伊：《瑞士侵权责任法》，贺栩栩译，中国政法大学出版社 2015 年版，第 123 页。

功能；瑞士法更是直接否定了精神损害赔偿的惩罚功能。比较法的经验虽不能直接采用拿来主义的做法，但可资借鉴。

（三）惩罚不是精神损害赔偿功能之一

一般而言，侵权法也称救济法，民事救济就是通过抽象的民法权模式加以规制与民法不符的具体民事法律关系，使其恢复至圆满形态，以此衡平民事主体之间及民事主体与社会之间的权益。受害人利益保护是侵权责任法的核心，也是立法的目的之一，精神损害有利于保护受害人的利益。侵权责任法以损害赔偿为基本责任承担方式，精神损害赔偿为三种损害赔偿之一，具有重要的法律地位。从精神损害赔偿的制度目的角度而言，精神损害赔偿以精神损害的救济为目的，弥补受害人的精神损害。[1] 因此，精神损害的核心功能是填补损害功能，金钱赔偿是填补受害人所遭受精神利益损失的手段，其最终目的在于抚慰受害人。填补损害功能是从受害人救济角度而言，并非从行为人角度而言，学者们关注的惩罚功能是从行为人角度而言的功能，但是这种功能并非民法上惩罚性赔偿那样的惩罚功能，而仅仅如同财产损害赔偿一般课以行为人对其行为所致损害负责，这并不能称为惩罚功能。所以惩罚并非精神损害赔偿的功能，而通过填补损害的精神抚慰才是精神损害赔偿的独有

〔1〕 赵万一：《民法的伦理分析》，法律出版社 2012 年版，第 359 页。全国人大常委会法制工作委员会民法室编：《中华人民共和国侵权责任法条文说明、立法理由及相关规定》，北京大学出版社 2010 年版，第 80 页。周友军：《侵权法学》，中国人民大学出版社 2011 年版，第 85 页。

功能。既然精神损害赔偿不具有惩罚功能，那么从功能论的角度而言，如果纠纷符合第24条的构成要件，则法院可以支持原告精神损害赔偿请求。因为，精神损害赔偿的功能与第24条的立法目的不谋而合，两者可以和谐共处：第24条的立法目的不在于惩罚行为人，而在于对受害人的合理救济，精神损害赔偿的核心功能是填补损害功能，这符合第24条的立法初衷。

综上，精神损害不仅存在于过错侵权责任之中，也存在于损失分担规则之中，第24条之下产生的纠纷也存在这样的制度需求。前引案例中，有很多案例受害人死亡给其近亲属造成了严重的精神痛苦，有很多案例原告残疾给其带来了巨大的精神压力和生活的痛苦，一个个生动的案例中均存在“严重精神损害”，这些纠纷中正当需求着第22条的救济。既然受害人遭受的财产损害可以公平分担损失，那么受害人遭受的精神损害又如何不可以公平分担？损害是一定的，救济也应当是固定的，精神损害赔偿以精神损害的救济为目的，适用第24条的纠纷中也应给予相应的精神损害抚慰。

参考文献

1. 艾湘南:《体育侵权案中如何适用自甘风险规则——以侵权责任法为视角》，载《武汉体育学院学报》2010 年第 12 期。
2. 陈本寒、陈英:《公平责任归责原则的再探讨——兼评我国〈侵权责任法〉第 24 条的理解与适用》，载《法学评论》2012 年第 2 期。
3. 程啸:《侵权责任法》，法律出版社 2015 年版。
4. 程啸:《论侵权行为法中受害人的同意》，载《中国人民大学学报》2004 年第 4 期。
5. 曹险峰:《论公平责任的适用》，载《法律科学》2012 年第 2 期。
6. 曹险峰:《侵权责任法总则的解释论研究》，社会科学文献出版社 2012 年版。
7. 陈科:《公平责任一般条款的司法适用——以 100 份侵权案件判决书为分析样本》，载《法律适用》2015 年第 1 期。
8. 陈宏:《对体育运动中公平责任与自甘冒险的比较分析》，载

《贵州工业大学学报》(社会科学版)2007 年第 1 期。
9. 蔡颖雯、郑晓鹏编著:《最高人民法院侵权责任法司法解释精释精解》,中国法制出版社 2016 年版。
10. 窦海阳:《侵权法中公平分担损失规则的司法适用》,载《法商研究》2016 年第 5 期。
11. 段荣芳:《体育运动伤害赔偿责任基本问题研究》,载《体育与科学》2011 年第 2 期。
12. 董惠江、严城:《论我国精神损害赔偿金的功能》,载《甘肃政法学院学报》2012 年第 1 期。
13. 郭明瑞:《关于公平责任的性质及适用》,载《甘肃社会科学》2012 年第 5 期。
14. 高圣平主编:《中华人民共和国侵权责任法立法争点、立法例及经典案例》,北京大学出版社 2010 年版。
15. 高留志:《〈侵权责任法〉第 24 条的理论操纵及其还原》,载《河南财经政法大学学报》2013 年第 5 期。
16. 顾德祥:《体育运动伤害案件的侵权与赔偿责任——以一起游泳运动伤害案件为例》,载《武汉体育学院学报》2012 年第 2 期。
17. 侯国跃:《中国侵权法立法建议稿及理由》,法律出版社 2009 年版。
18. 胡伟强:《〈侵权责任法〉中公平责任的适用——一个法经济学的解释》,载《清华法学》2010 年第 5 期。
19. 何志、侯国跃:《侵权责任纠纷裁判依据新释新解》,人民法院出版社2014年版。

20. 韩衍杰:《自甘冒险规则在大众体育运动健康权侵权中的适用》,载《政法论丛》2013年第5期。

21. 韩勇:《体育伤害自甘风险抗辩的若干问题研究》,载《体育学刊》2010年第9期。

22. 黄晓林、夏巍鑫:《“自甘风险”法律问题实证分析》,载《成都理工大学学报》(社会科学版)2016年第2期。

23. 孔伟:《体育运动伤害案件中特别免责事由的适用——调和体育自治与私法介入冲突的手段》,载《济宁学院学报》2012年第6期。

24. 梁慧星:《民法解释学》,法律出版社2015年版。

25. 刘士国等:《侵权责任法重大疑难问题研究》,中国法制出版社2009年版。

26. 李显冬:《侵权责任法》,北京大学出版社2014年版。

27. 李显冬主编:《中华人民共和国侵权责任法条文释义与典型案例详解》,法律出版社2010年版。

28. 刘智慧主编:《中国侵权责任法解释与应用》,人民法院出版社2010年版。

29. 李钧:《论过错原则下的体育损害责任》,载《体育科学》2015年第1期。

30. 李倩、邓春岳:《论自甘冒险抗辩在过失体育伤害归责中的有限保留》,载《湖南警察学院学报》2013年第6期。

31. 林振煌:《两岸体育侵权“自甘风险”抗辩之理论与实务》,

载《体育科研》2013 年第 6 期。

32. 廖焕国、黄芬:《质疑自甘冒险的独立性》，载《华中科技大学学报》(社会科学版) 2010 年第 5 期。

33. 李鹏:《论我国侵权责任法的公平责任》，载《法学杂志》2010 年第 11 期。

34. 鲁晓明:《论纯粹精神损害赔偿》，载《法学家》2010 年第 1 期。

35. 李璐:《论利益衡量理论在民事立法中的运用》，中国政法大学出版社 2015 年版。

36. 马宏俊:《体育侵权中的民事法律责任研究》，载《体育科学》2005 年第 6 期。

37. 毛东恒:《"公平责任原则"构造问题的比较法研究》，载《湖南社会科学》2016 年第 4 期。

38. 彭诚信:《现代权利理论研究》，法律出版社 2017 年版。

39. 全国人大常委会法制工作委员会民法室编:《中华人民共和国侵权责任法条文说明、立法理由及相关规定》，北京大学出版社 2010 年版。

40. 孙大伟:《侵权法律制度比较研究》，法律出版社 2013 年版。

41. 孙宏涛:《精神损害赔偿的惩罚性功能》，载《政法论坛》2002 年第 6 期。

42. 谭启平主编:《中国民法学》，法律出版社 2015 年版。

43. 田土城:《论"损失分担"的性质和适用——以〈侵权责任法〉第 24 条为例》，载《中州学刊》2013 年第 12 期。

44. 田雨:《论自甘风险在体育侵权案件中的司法适用》，载《武汉体育学院学报》2009 年第 11 期。

45. 汤卫东:《侵权法视角下体育运动中的人身损害责任探析》，载《体育科学》2014 年第 1 期。

46. 唐慧、闫朝东:《侵权责任法案例与学理研究》，中国社会出版社 2017 年版。

47. 魏振瀛:《精神损害赔偿责任的性质和法律适用》，载《政治与法律》1987 年第 6 期。

48. 王泽鉴:《民法学说与判例研究》（第 6 册），北京大学出版社 2009 年版。

49. 王利明:《侵权责任法研究》（上卷），中国人民大学出版社 2016 年版。

50. 王利明:《法律解释学》，中国人民大学出版社 2011 年版。

51. 王轶:《作为债之独立类型的法定补偿义务》，载《法学研究》2014 年第 2 期。

52. 王成:《侵权责任法》，北京大学出版社 2014 年版。

53. 王竹:《侵权责任法疑难问题专题研究》，中国人民大学出版社 2012 年版。

54. 王竹:《我国侵权法上“公平责任”源流考》，载《甘肃政法学院学报》2008 年第 3 期。

55. 汪水伟:《侵权责任法中公平责任的适用范围》，载《甘肃政法学院学报》2006 年第 1 期。

56. 汪传才:《自冒风险规则：死亡抑或再生?》，载《比较法研究》2009 年第 5 期。
57. 王军等编著:《美国侵权法案例选评》，对外经济贸易大学出版社 2016 年版。
58. 夏勇主编:《法理讲义：关于法律的道理与学问》，北京大学出版社 2010 年版。
59. 杨立新:《侵权责任法》，北京大学出版社 2014 年版。
60. 杨立新:《〈中华人民共和国侵权责任法〉精解》，知识产权出版社 2010 年版。
61. 杨立新:《侵权损害赔偿》，法律出版社 2010 年版。
62. 于敏:《日本侵权行为法》，法律出版社 2015 年版。
63. 叶金强:《〈侵权责任法〉第 24 条的解释论》，载《清华法学》2011 年第 5 期。
64. 杨代雄:《一般侵权行为的无过错损失分担责任》，载《华东政法大学学报》2010 年第 3 期。
65. 殷飞、赵毅:《解释论：体育归责适用自甘风险的新路径》，载《武汉体育学院学报》2015 年第 6 期。
66. 杨林、侯茜:《论体育运动中自甘风险规则的可替代性》，载《武汉体育学院学报》2017 年第 2 期。
67. 杨艳、孙良国:《未成年人运动伤害案中法律适用问题研究》，载《上海体育学院学报》2016 年第 5 期。
68. 杨拥军:《论大学在学生体育活动损害中的侵权责任》，载《黑龙江高教研究》2010 年第 6 期。
69. 张新宝:《侵权责任法》，中国人民大学出版社 2010 年版。

70. 张新宝:《侵权责任法立法研究》，中国人民大学出版社 2009 年版。
71. 赵万一:《民法的伦理分析》，法律出版社 2012 年版。
72. 张民安:《现代法国侵权责任制度研究》，法律出版社 2007 年版。
73. 郑永流:《法律方法阶梯》，北京大学出版社 2012 年版。
74. 最高人民法院侵权责任法研究小组编著:《〈中华人民共和国侵权责任法〉条文理解与适用》，人民法院出版社 2016 年版。
75. 周友军:《侵权法学》，中国人民大学出版社 2011 年版。
76. 张保红:《公平责任新论》，载《现代法学》2009 年第 4 期。
77. 张金海:《公平责任考辨》，载《中外法学》2011 年第 4 期。
78. 赵毅:《从公平责任到损失分担之嬗变——近年我国法院裁判体育伤害案件的最新立场》，载《体育学刊》2014 年第 1 期。
79. 赵毅:《体育伤害案件适用法律的误区及补正——“林州少年篮球伤害案”判决评析》，载《体育与科学》2014 年第 3 期。
80. 赵毅:《体育侵权中受害人同意和自甘风险的二元适用——由“石景山足球伤害案”引发的思考》，载《武汉体育学院学报》2014 年第 4 期。
81. 宗志翔:《侵权责任与赔偿研究》，中国政法大学出版社 2016 年版。

82. 朱晓峰:《侵权可赔损害类型论》,法律出版社 2017 年版。
83. 张善斌:《公平责任原则适用存在的问题及对策》,载《河北法学》2016 年第 12 期。
84. 张平:《论美国侵权法上的精神损害赔偿》,载王军主编:《侵权行为法比较研究》,法律出版社 2006 年版。
85. [美] 约翰·罗尔斯:《作为公平的正义》,中国社会科学出版社 2011 年版。
86. [美] 爱伦·M. 芭波里克选编:《侵权法重述纲要》,许传玺等译,法律出版社 2016 年版。
87. [美] 丹·B. 多布斯:《侵权法》,马静等译,中国政法大学出版社 2014 年版。
88. [英] P. S. 阿蒂亚:《"中彩"的损害赔偿》,李利敏、李昊译,北京大学出版社 2012 年版。
89. [英] 文森特·R. 约翰逊:《美国侵权法》,赵秀文等译,中国人民大学出版社 2004 年版。
90. [德] 卡尔·拉伦茨:《法学方法论》,陈爱娥译,商务印书馆 2003 年版。
91. [德] 卡尔·恩吉施:《法律思维导论》,郑永流译,法律出版社 2014 年版。
92. [德] 埃尔温·多伊奇、汉斯-于尔根·阿伦斯:《德国侵权法——侵权行为、损害赔偿及痛苦抚慰金》,叶明怡、温大军译,中国人民大学出版社 2016 年版。
93. [德] 迪尔克·罗歇尔德斯:《德国债法总论》,沈小军、张金海译，中国人民大学出版社 2014 年版。
94. [瑞] 海因茨·雷伊:《瑞士侵权责任法》，贺栩栩译，中国政法大学出版社 2015 年版。
95. [澳大利亚] 彼得·潘恩:《阿蒂亚论事故、赔偿及法律》，王仰光等译，中国人民大学出版社 2008 年版。
96. [奥地利] 海尔姆特·库齐奥:《侵权责任法的基本问题》(第 1 卷)，朱岩译，北京大学出版社 2017 年版。
97. 欧洲侵权法小组:《欧洲侵权法原则》，于敏、谢鸿飞译，法律出版社 2009 年版。
98. [日] 圆谷峻:《判例形成的日本新侵权行为法》，赵莉译，法律出版社 2008 年版。
99. [日] 田山辉明:《日本侵权行为法》，顾祝轩、丁相顺译，北京大学出版社 2011 年版。
100. [日] 吉村良一:《日本侵权行为法》，张挺译，中国人民大学出版社 2013 年版。